Carin de Vries

Übungsblock zum DIFMaB

Diagnostisches Inventar zur Förderung mathematischer Basiskompetenzen

Carin de Vries unter Mitarbeit von
Angela Boysen, Frauke Riemenschneider und Julia Scheele

Übungsblock zum DIFMaB

Diagnostisches Inventar zur Förderung mathematischer Basiskompetenzen

---

Übungsvorschläge für Schüler
mit Förderbedarf im Lernbereich Mathematik

verlag modernes lernen

Externe Links

Dank: Der Verlag dankt Frau Kitzinger für die Freigabe der METACOM-Symbole auf einzelnen Aufgabenseiten.

Veröffentlicht in der Edition:
verlag modernes lernen Borgmann GmbH & Co. KG • Schleefstraße 14 • D-44287 Dortmund

Illustrationen: Christina Traband, Regina Sandkämper und Melanie Simonis, teilweise unter Verwendung anderer Quellen (genaue Quellenangabe s. S. 250 – 251)

Gesamtherstellung in Deutschland: Löer Druck GmbH, Dortmund

Bestell-Nr. 3656 ISBN 978-3-8080-0778-5

Inhalt

Zur Entstehung des Übungsblockes

Dieser Übungsblock basiert auf dem von Dr. Carin de Vries entwickelten **DIFMaB** (**D**iagnostisches **I**nventar zur **F**örderung **Ma**thematischer **B**asiskompetenzen). Er ist auf den vielfachen Wunsch hin entstanden, zusätzlich zum Diagnostikmaterial gebündeltes Material zur schulischen Förderung von Schülerinnen und Schülern anzubieten. Dieser Übungsblock eignet sich sowohl für die direkte Arbeit mit einzelnen Schülern oder Kleingruppen als auch aufgeklappt kopiert zur vertiefenden Übung, z. B. als Hausaufgabe. Ein Einsatz in der differenzierten Wochenplanarbeit in inklusiv ausgerichteten Settings ist ebenso möglich.

Der Übungsblock richtet sich an Lehrkräfte und pädagogisches Fachpersonal, welche die mathematischen Basiskompetenzen von Schülerinnen und Schülern im Förderschwerpunkt geistige Entwicklung gezielt fördern möchten. Er berücksichtigt wie das **DIFMaB** die **Zugangsebenen K-A-S** und ermöglicht darüber hinaus eine gemeinsame Einschätzung der individuellen Kompetenzen mittels einer farblich markierten „Ampel" neben jedem Arbeitsblatt.

Dr. Carin de Vries, Frühjahr 2019

Angela Boysen, Julia Scheele, Frauke Riemenschneider

Grafiken: Christina Traband / Regina Sandkämper / Melanie Simonis

Aufbau des Übungsblockes

Die Struktur des Übungsblockes orientiert sich am Aufbau mathematischer Basiskompetenzen nach de Vries (2018a, 2018b) und gliedert sich in die Bereiche „Pränumerik"(A), „Zahlbegriff" (B) und „Rechenoperationen" (C). Einen Überblick über die theoretischen Grundlagen geben das Manual des DIFMaB (de Vries, 2018a) sowie das Grundlagenwerk „Mathematik im Förderschwerpunkt geistige Entwicklung" (de Vries, 2018b). Zu jedem der drei Bereiche gibt es dem DIFMaB entsprechend mehrere Inhaltsbereiche, die sich wie folgt gliedern:

A Pränumerik	B Zahlbegriff	C Rechenoperationen
A1 Körperschema	B1 Ordinalaspekt	C1 Plus-Aufgaben
A2 Gruppen bilden	B2 Eins-zu-Eins-Zuordnung	C2 Minus-Aufgaben
A3 Merkmale	B3 Kardinalaspekt	C3 Mal-Aufgaben
A4 Gruppen und Untergruppen	B4 Irrelevanz der Anordnung	C4 Geteilt-Aufgaben
A5 Raumbegriffe	B5 Abtraktionsaspekt	C5 Gleichheitszeichen
A6 Reihen bilden		C6 Größerzeichen
A7 Gleichheit erkennen		C7 Kleinerzeichen
A8 Stück-zu-Stück-Zuordnung		
A9 Mengenerhaltung		

Weiterhin gliedert sich der Übungsblock in **Lehrerseiten mit Aufgabenstellungen** (oben, gerade Seiten) und **Schülerseiten mit Arbeitsblättern** (unten, ungerade Seiten). Auf jeder Lehrerseite befinden sich drei Aufgabenstellungen, die die verschiedenen Zugangsebenen nach dem **KAS-Prinzip (konkret, Abbildung, symbolisch)** berücksichtigen (de Vries, 2018a, S. 14). Die Übungen der konkreten Ebene **(K)** werden mithilfe von konkreten Materialien und Handlungen ausgeführt. Auf der Abbildungsebene **(A)** erfolgt eine Abstrahierung der Materialien und Handlungen in Form von eindeutigen Abbildungen. Auf symbolischer Ebene **(S)** arbeiten die Schülerinnen und Schüler an Arbeitsblättern mit Skizzen, Symbolen und Zeichen.

Konkretes Material **A**bbildung vom Material **S**ymbole auf Arbeitsblatt

Auf der Schülerseite befindet sich in der ersten Zeile der Arbeitsauftrag sowohl in Silbenschrift (z.B. Zeige!) als auch in Symbolform (z.B.). Zudem befindet sich am oberen rechten Rand eine Skala zur **Selbsteinschätzung** der Schülerinnen und Schüler.

für mich schwere Aufgabe
ich fühle mich unsicher

für mich mittelschwere Aufgabe
ich benötige noch Hilfe

für mich leichte Aufgabe
nun fühle ich mich sicher

Hinweise zur Arbeit mit dem Übungsblock

Idealerweise findet die Förderung mit dem Übungsblock ein- bis zweimal wöchentlich in Form einer Einzelförderung statt. Förderpersonen können hierbei sowohl Lehrkräfte als auch pädagogische Fachpersonen sowie Einzelfallhelferinnen und -helfer sein.

Auswahl der Aufgaben

Die Aufgaben des Übungsblockes sind vom Schwierigkeitsgrad her aufsteigend aufgebaut und in chronologischer Reihenfolge zu bearbeiten. Zu jedem Lernbereich gibt es mehrere Aufgaben. Die Auswahl der Aufgaben zur Förderung ist abhängig vom Lernstand der Schülerinnen und Schüler. Der individuelle Lernstand kann im Vorfeld mithilfe des DIFMaB erhoben warden (vgl. Beispiele unterschiedlicher Kompetenzprofile im DIFMaB 2018).

Förderbegleitbogen

Im Anhang dieses Buches (S. 254 – 255) befindet sich ein Förderbegleitbogen, der vor dem Ausfüllen kopiert werden sollte, um ihn mehrfach nutzen zu können. Der Förderbegleitbogen dient als kontinuierliche Visualisierungshilfe für Lernfortschritte im Prozess der Einzelförderung. Auf dem Förderbegleitbogen können der aktuelle Bearbeitungsstand der Aufgaben und die Selbsteinschätzung der einzelnen Schülerinnen und Schüler eingetragen werden.

Einrichtung des Arbeitsplatzes

Die Förderung sollte soweit möglich in ruhiger Atmosphäre an einem Tisch stattfinden. Auf dem Tisch befinden sich Übungsblock und ggf. konkretes Material für die jeweiligen Aufgaben, um einen strukturierten Arbeitsplatz für die Schülerinnen und Schüler zu schaffen. Förderperson und Schülerin oder Schüler sollten dabei möglichst nebeneinander vor dem aufgeklappten Übungsblock sitzen, sodass die Aufgaben sowohl für die Lehrkraft als auch für die Schülerin oder den Schüler sichtbar sind.

Auswahl des Materials

Zur Bearbeitung der Aufgaben auf den unterschiedlichen Zugangsebenen können ergänzend folgende Materialien eingesetzt werden:

- **K**-Ebene: Konkretes Material (siehe Materialliste S. 252 & 253)
- **A**-Ebene: Laminierte Bildkarten (siehe Anhang)
- **S**-Ebene: Arbeitsblätter auf den Schülerseiten (im Übungsblock)

Das für die jeweiligen Aufgaben benötigte Material ist zudem auf den entsprechenden Lehrerseiten aufgelistet. ➜ Zum wiederholten Einsatz eine **Klarsichtfolie** und einen **non-permanenten Folienstift** sowie ein **kleines Tuch** zum Wegwischen bereitlegen!

Weitere Ideen zur Arbeit mit dem Übungsblock

Die Arbeit mit dem Übungsblock kann individuell an die Schülerinnen und Schüler angepasst werden. Im Folgenden werden einige weiterführende und alternative Ideen zur Arbeit mit dem Übungsblock aufgeführt:

➡ Um eine mehrfache Nutzung des Blockes zu ermöglichen, kann zur Bearbeitung der Arbeitsblätter eine halbierte Klarsicht-Folie über die gerade zu bearbeitende Seite geschoben und mit einem abwischbaren Folienstift beschrieben werden (Übung auf Folie, Folie wegziehen, kopieren).

- Die jeweils aufgeschlagene Doppelseite mit Aufgaben und Übung kann kopiert als Arbeitsblatt zum Ausfüllen mit einem Stift verwendet werden (z. B. als Vertiefung oder Hausaufgabe).

- Sollte die Übungsaufgabe auf symbolischer Ebene noch zu schwierig sein, kann die Abbildungs- oder die konkrete Ebene gewählt werden.

- Es besteht die Möglichkeit, dass Schülerinnen und Schüler, die auf unterschiedlichen Zugangsebenen lernen, den Übungsblock gemeinsam in Partnerarbeit bearbeiten. Beispielsweise könnte ein Schüler das Arbeitsblatt auf der symbolischen Ebene bearbeiten und der andere Schüler die Aufgabe mit konkretem Material darstellen.

- Die Auswahl der Materialien für die konkrete Ebene kann individuell je nach Interessen der Schülerinnen und Schüler erweitert werden (z. B. Schleich-Figuren, Muggelsteine).

- Schülerinnen und Schüler, denen es schwerfällt, zu schreiben und auf symbolischer Ebene zu lernen, können statt zu schreiben auch stempeln oder mit dem Finger auf Lösung zeigen.

- Schülerinnen und Schüler, denen es schwerfällt, die entsprechenden Gegenstände auf den Arbeitsblättern zu malen, können stattdessen auch Punkte oder Striche malen. Alternativ kann auch eine andere Person (z.B. pädagogische Fachperson oder Einzelfallhelferin bzw. -helfer) beauftragt werden, entsprechende Gegenstände nach Angaben des Schülers zu malen.

- Für eine selbstständige Bearbeitung des Übungsblockes durch Schülerinnen und Schüler können die Arbeitsaufträge auf einen Anybook Reader gesprochen und mit Hilfe der aufgeklebten Punkte jederzeit auditiv wiedergegeben werden.

PRÄNUMERIK

Es geht um …

… das Erkennen von Regelhaftigkeiten und logischen Zusammenhängen. Die Pränumerik umfasst den vorzahligen Bereich, bei dem noch keine Ziffern und Rechenzeichen benötigt werden. Die Schülerinnen und Schüler erwerben in diesem Bereich Kompetenzen, die die Basis für den Zahlbegriff und die Rechenoperationen legen.

A1 Körperschema

Kompetenzen:

Die Schülerin/der Schüler ...

... weiß, dass es unterschiedliche Körperteile gibt und wo sie sich am Körper befinden.

... ist sich ihrer/seiner Körperteile bewusst.

Aufgabenübersicht:

Zugehörige Seiten im DIFMaB (de Vries, 2018):

Seite 29–30: Feindiagnosebogen

Seite 53: Förderhinweise

A1.1 Körperhaltungen: Jungen

Konkret	Aufgabe:	Eine Person nimmt verschiedene Körperhaltungen ein (Ideen siehe Arbeitsblatt). Mache die Körperhaltungen nach.	A1 A2 A3 A4
	Material:	eigener Körper/ggf. Handpuppe	
Abbildung	Aufgabe:	Ordne die Zeichnungen den passenden Fotos zu.	A5 A6 A7 A8
	Material:	Sammlung „Körperhaltung“ (Fotos Junge, Zeichnungen Junge)	
Symbolisch	Aufgabe:	Verbinde die Zeichnungen mit den passenden Skizzen.	A9
	Material:	Arbeitsblatt S. 19	

Verbinde

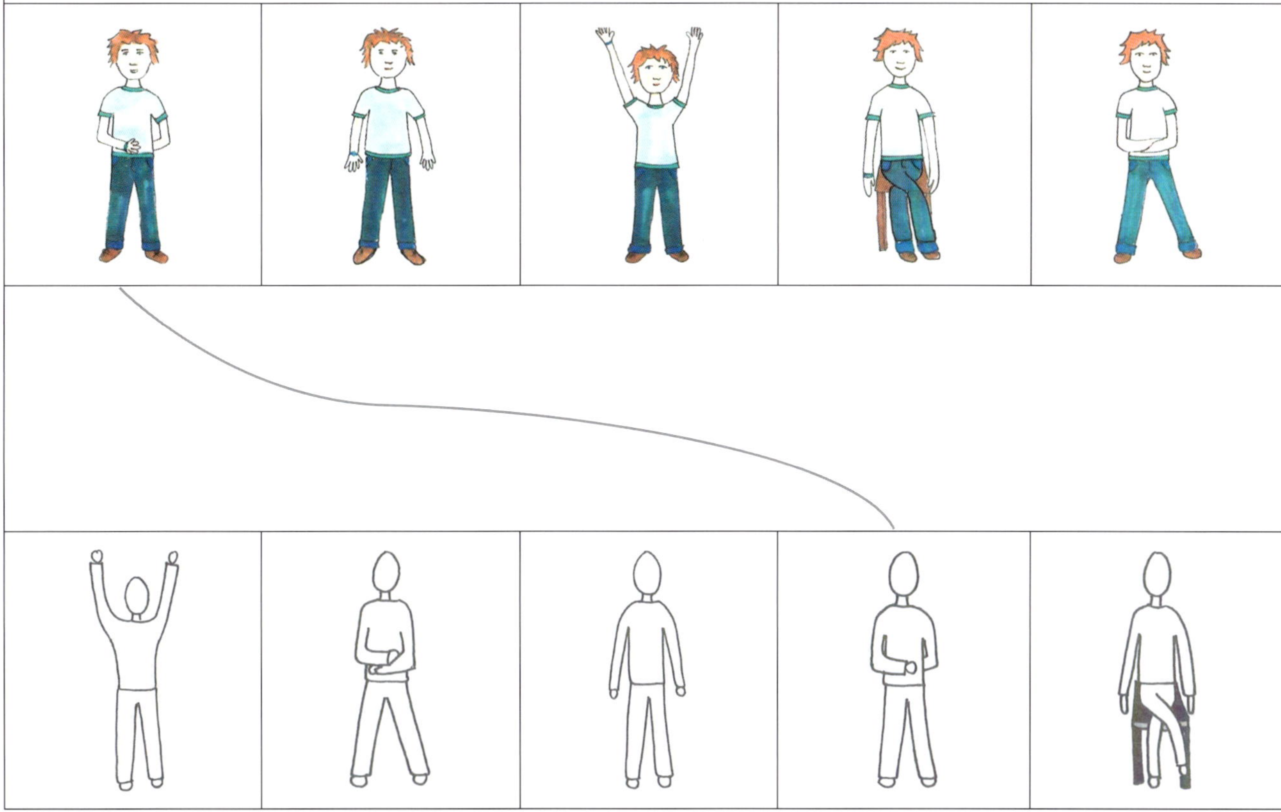

A1.2 Körperhaltungen: Mädchen

Konkret	Aufgabe:	Eine Person nimmt verschiedene Körperhaltungen ein (Ideen siehe Arbeitsblatt). Mache die Körperhaltungen nach.	A1 A2 A3 A4
	Material:	eigener Körper/ggf. Handpuppe	
Abbildung	Aufgabe:	Ordne die Zeichnungen den passenden Fotos zu.	A5 A6 A7 A8
	Material:	Sammlung „Körperhaltung“ (Fotos Mädchen, Zeichnungen Mädchen)	
Symbolisch	Aufgabe:	Verbinde die Zeichnungen mit den passenden Skizzen.	A9
	Material:	Arbeitsblatt S. 21	

Verbinde!

A1.3 Versteckte Körperteile

Konkret	Aufgabe:	Eine Person deckt verschiedene Körperteile zu. Welches Körperteil ist versteckt?
	Material:	Decke/kleineres Tuch
Abbildung	Aufgabe:	Eine Person deckt verschiedene Körperteile auf der Zeichnung ab. Welches Körperteil ist versteckt?
	Material:	Sammlung „Versteckte Körperteile“
Symbolisch	Aufgabe:	Welches Körperteil fehlt? Male das fehlende Körperteil an die richtige Stelle.
	Material:	Arbeitsblatt S. 23–25

Male!

Male!

Male!

A1.4 Kleidung anziehen

A1 A2 A3 A4 A5 A6 A7 A8 A9

Konkret	Aufgabe:	Wohin gehört die Kleidung? Halte die Kleidungsstücke an die richtige Stelle an deinem Körper.
	Material:	Pullover, Hose, Schuhe, Mütze, ...
Abbildung	Aufgabe:	Wohin gehört die Kleidung? Lege die Kleidungsstücke an die richtige Stelle auf der Zeichnung.
	Material:	Sammlung „Anziehpuppe“
Symbolisch	Aufgabe:	Verbinde die Kleidungsstücke mit den passenden Körperteilen.
	Material:	Arbeitsblatt S. 27

Verbinde

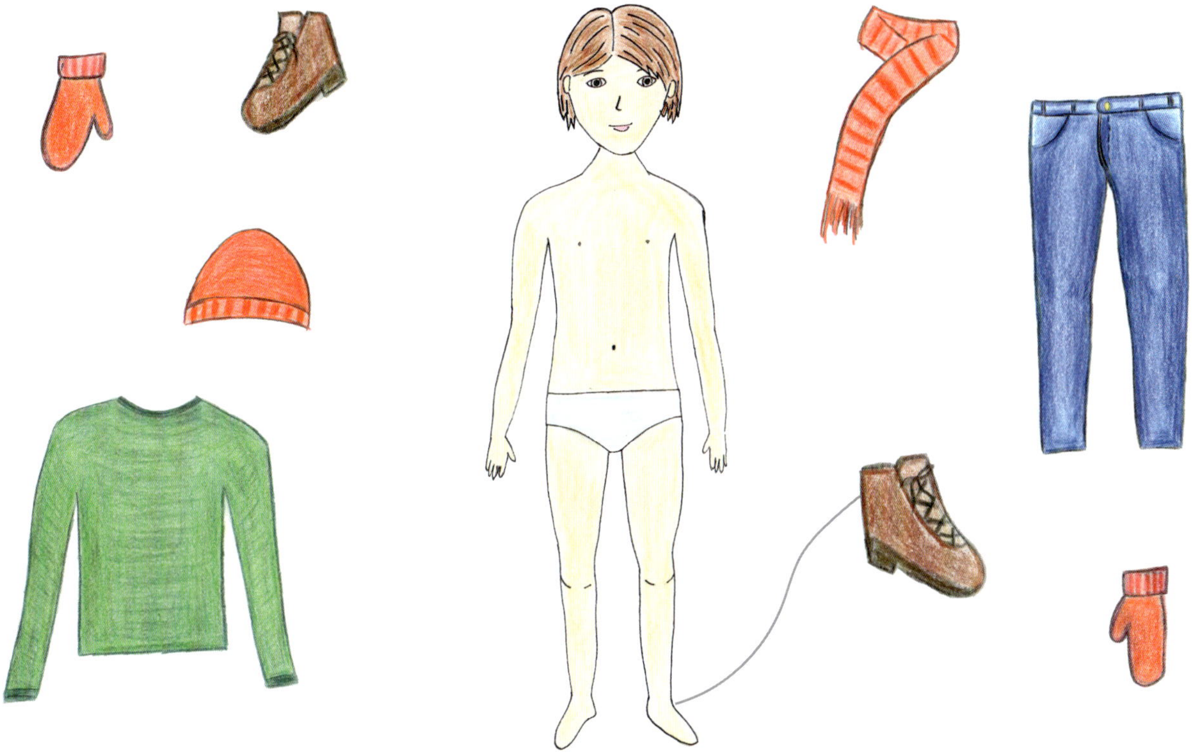

A1.5 Teile des Gesichts

Konkret	Aufgabe:	Zeige auf deine Nase, Ohren, Mund, Augen, Haare, ...	A1 A2 A3 A4
	Material:	Spiegel (als Hilfestellung)/ggf. Handpuppe	
Abbildung	Aufgabe:	Lege das Gesichtspuzzle zusammen.	A5 A6 A7 A8
	Material:	Sammlung „Gesichtspuzzle" (dreiteilig, sechsteilig)	
Symbolisch	Aufgabe:	Zeige und benenne die Teile des Gesichts. Male dein Gesicht auf einen Extrazettel.	A9
	Material:	Arbeitsblatt S. 29	

Zeige!  **Benenne!** 

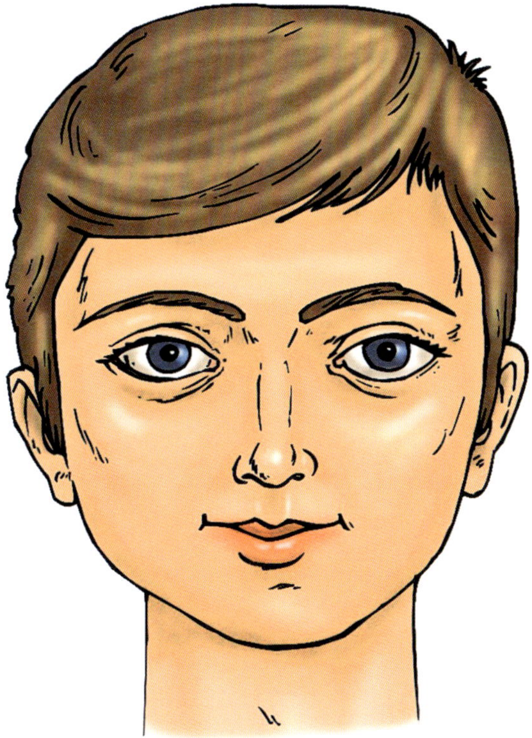

A2 Gruppen bilden

Kompetenz:

Die Schülerin/der Schüler ...

... ordnet Alltagsgegenstände nach ihrem Gebrauchswert Gruppen zu (z. B. Dinge zum Spielen, zum Waschen, zum Anziehen)

Aufgabenübersicht:

Zugehörige Seiten im DIFMaB (de Vries, 2018):

Seite 31: Feindiagnosebogen

Seite 54: Förderhinweise

A2.1 Spielzeug und Geschirr

Konkret	Aufgabe:	Zeige auf Dinge zum Spielen. Lege sie auf eine Seite. Zeige auf Dinge, die du in der Küche findest. Lege sie auf die andere Seite.	A1 **A2** A3 A4
	Material:	Dinge zum Spielen (z. B. Auto, Lego, Puzzle), Dinge aus der Küche (z. B. Teller, Besteck)	
Abbildung	Aufgabe:	Zeige auf die Bildkarten mit Dingen zum Spielen. Lege sie in die Spielkiste. Zeige auf die Bildkarten mit Dingen, die du in der Küche findest. Lege sie in den Küchenschrank.	A5 A6 A7 A8
	Material:	Sammlung „Spielzeug“, „Geschirr“	
Symbolisch	Aufgabe:	Welche Dinge gehören in die Spielkiste? Welche Dinge gehören in den Küchenschrank? Verbinde.	A9
	Material:	Arbeitsblatt S. 33	32

Verbinde

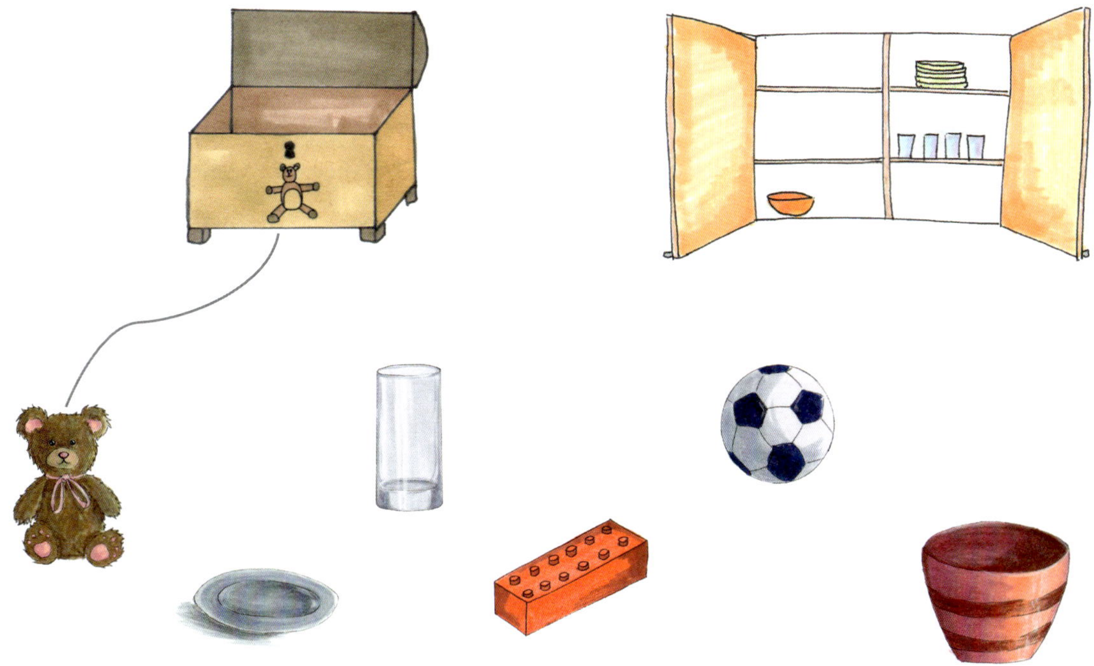

A2.2 Kleidung und Schulmaterial

Konkret	Aufgabe:	Zeige auf Dinge zum Anziehen. Lege sie auf eine Seite. Zeige auf Dinge, die du in Schultaschen findest. Lege sie auf die andere Seite.	A1 **A2** A3 A4
	A3Material:	Dinge zum Anziehen (z. B. Pullover, Hose), Dinge aus der Klasse (z. B. Stift, Buch, Schere)	
Abbildung	Aufgabe:	Zeige auf die Bildkarten mit Dingen zum Anziehen. Lege sie in den Kleiderschrank. Zeige auf die Bildkarten mit Dingen, die du in Schultaschen findest. Lege sie auf die Schultasche.	A5 A6 A7 A8
	Material:	Sammlung „Kleidung“, „Schule“	
Symbolisch	Aufgabe:	Welche Dinge gehören in den Kleiderschrank? Welche Dinge gehören in die Schultasche? Verbinde.	A9
	Material:	Arbeitsblatt S. 35	

Verbinde

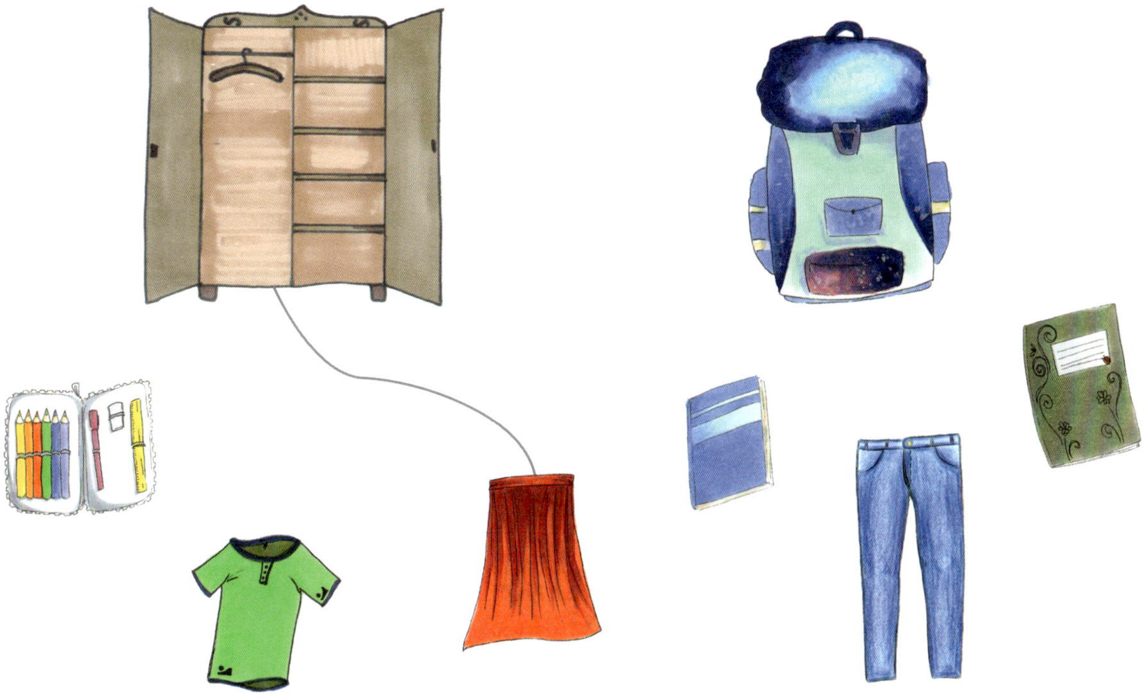

A2.3 Essen und Badezimmer

Konkret	Aufgabe:	Zeige auf Dinge zum Essen. Lege sie auf eine Seite. Zeige auf Dinge, die du im Badezimmer findest. Lege sie auf die andere Seite.	A1 A2 A3 A4
	Material:	Dinge zum Essen (z.B. Apfel, Brot), Dinge aus dem Bad (z.B. Zahnbürste, Handtuch)	
Abbildung	Aufgabe:	Zeige auf die Bildkarten mit Dingen zum Essen. Lege sie auf die eine Seite. Zeige auf die Bildkarten mit Dingen, die du im Badezimmer findest. Lege sie auf die andere Seite.	A5 A6 A7 A8
	Material:	Sammlung „Essen“, „Bad“	
Symbolisch	Aufgabe:	Welche Dinge kannst du essen? Verbinde sie mit dem grünen Feld. Welche Dinge findest du im Badezimmer? Verbinde die mit dem rosa Feld.	A9
	Material:	Arbeitsblatt S. 37	

Verbinde 

Badezimmer

Essen

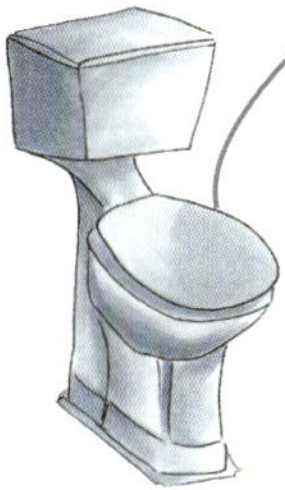

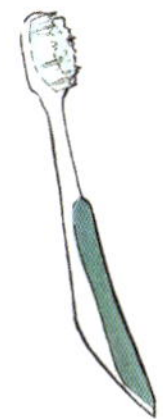

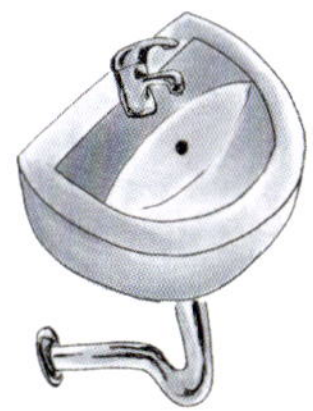

A2.4 Spielzeug und Bücher

Konkret	Aufgabe:	Zeige auf Dinge zum Spielen. Lege sie auf eine Seite. Zeige auf Bücher. Lege sie auf die andere Seite.	A1 A2 A3 A4
	Material:	Dinge zum Spielen (z.B. Auto, Lego, Puzzle), Bücher, Bilderbücher	
Abbildung	Aufgabe:	Zeige auf die Bildkarten mit Dingen zum Spielen. Lege sie in die Spielkiste. Zeige auf die Bildkarten mit Büchern. Lege sie in das Bücherregal.	A5 A6 A7 A8
	Material:	Sammlung „Spielzeug“, „Schule“	
Symbolisch	Aufgabe:	Welche Dinge gehören in die Spielkiste? Welche Dinge gehören ins Bücherregal? Verbinde.	A9
	Material:	Arbeitsblatt S. 39	

Verbinde

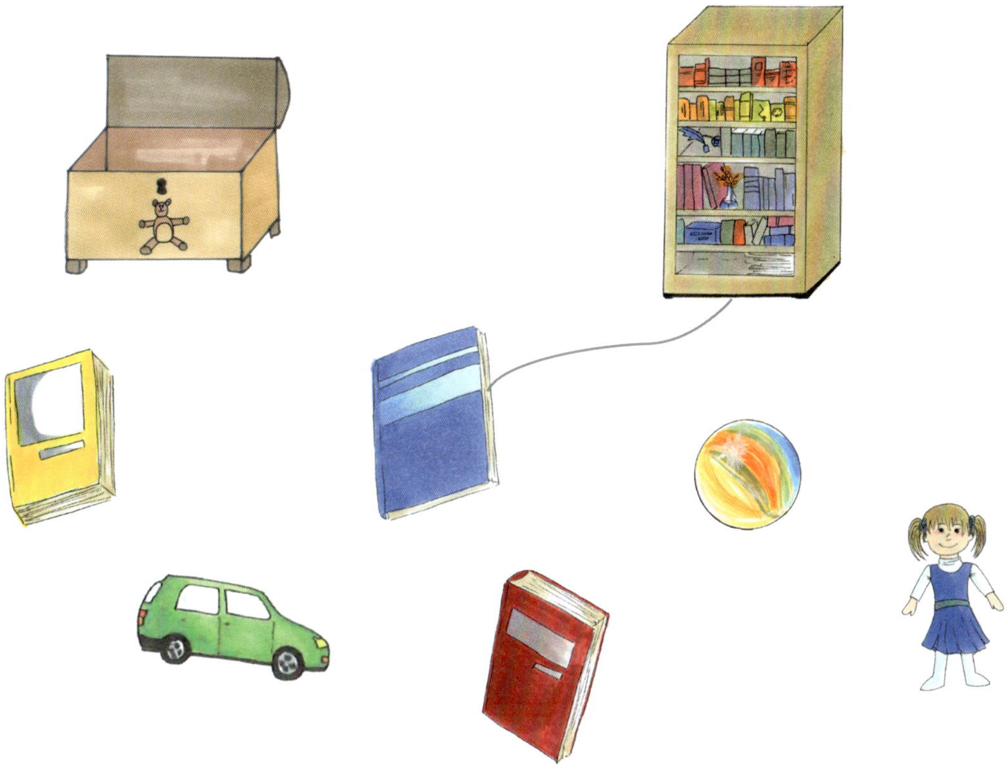

A2.5 Besteck und Geschirr

Konkret	Aufgabe:	Zeige auf das Besteck. Lege es auf eine Seite. Zeige auf das Geschirr. Lege es auf die andere Seite.	A1 A2 A3 A4
	Material:	Besteck (z.B. Messer, Gabel, Löffel), Geschirr (z.B. Teller, Tasse, Schüssel)	
Abbildung	Aufgabe:	Zeige auf die Bildkarten mit Besteck. Lege sie auf die eine Seite. Zeige auf die Bildkarten mit Geschirr. Lege sie auf die andere Seite.	A5 A6 A7 A8
	Material:	Sammlung „Besteck", „Geschirr"	
Symbolisch	Aufgabe:	Verbinde das Besteck mit dem grünen Feld. Verbinde das Geschirr mit dem rosa Feld.	A9
	Material:	Arbeitsblatt S. 41	

Verbinde

Geschirr

Besteck

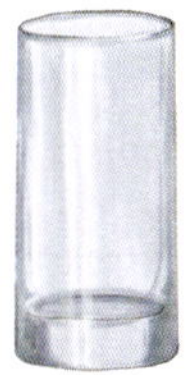

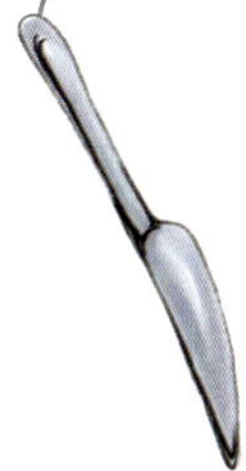

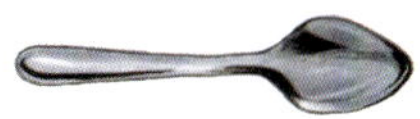

A2.6 Essen und Trinken

Konkret	Aufgabe:	Zeige auf Dinge, die du essen kannst. Lege sie auf eine Seite. Zeige auf Dinge, die du trinken kannst. Lege sie auf die andere Seite.	A1 **A2** A3 A4
	Material:	Essen (z.B. Apfel, Brot), Trinken (z.B. Saft, Milch, Wasser)	
Abbildung	Aufgabe:	Zeige auf die Bildkarten mit Essen. Lege sie auf die eine Seite. Zeige auf die Bildkarten mit Trinken. Lege sie auf die andere Seite.	A5 A6 A7 A8
	Material:	Sammlung „Essen“, „Trinken“	
Symbolisch	Aufgabe:	Was kannst du essen? Verbinde das Essen mit dem grünen Feld. Was kannst du trinken? Verbinde das Trinken mit dem rosa Feld.	A9
	Material:	Arbeitsblatt S. 43	

Verbinde

Trinken

Essen

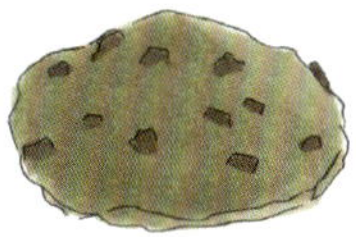

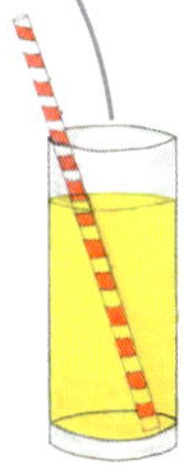

A3 Merkmale von Gegenständen feststellen

Kompetenz:

Die Schülerin/der Schüler ...

... weiß, dass es unterschiedliche Körperteile gibt und wo sie sich am Körper befinden.

Aufgabenübersicht:

Zugehörige Seiten im DIFMaB (de Vries, 2018):

Seite 32: Feindiagnosebogen

Seite 54 – 55: Förderhinweise

A3.1 Grün und andersfarbig

Konkret	Aufgabe:	Zeige auf die grünen Stifte. Lege sie auf eine Seite. Zeige auf die Stifte, die eine andere Farbe haben. Lege sie auf die andere Seite.
	Material:	Stifte (mehrere grüne Stifte)
Abbildung	Aufgabe:	Zeige auf die Bildkarten mit grünen Stiften. Lege sie auf eine Seite. Zeige auf die Bildkarten mit Stiften in anderen Farben. Lege sie auf die andere Seite.
	Material:	Bildkarten „Stift“ (mehrere grüne Stifte)
Symbolisch	Aufgabe:	Welcher Stift ist grün? Kreise ein. Welcher Stift ist nicht grün? Streiche durch.
	Material:	Arbeitsblatt S. 47

Kreise ein! **Streiche durch!**

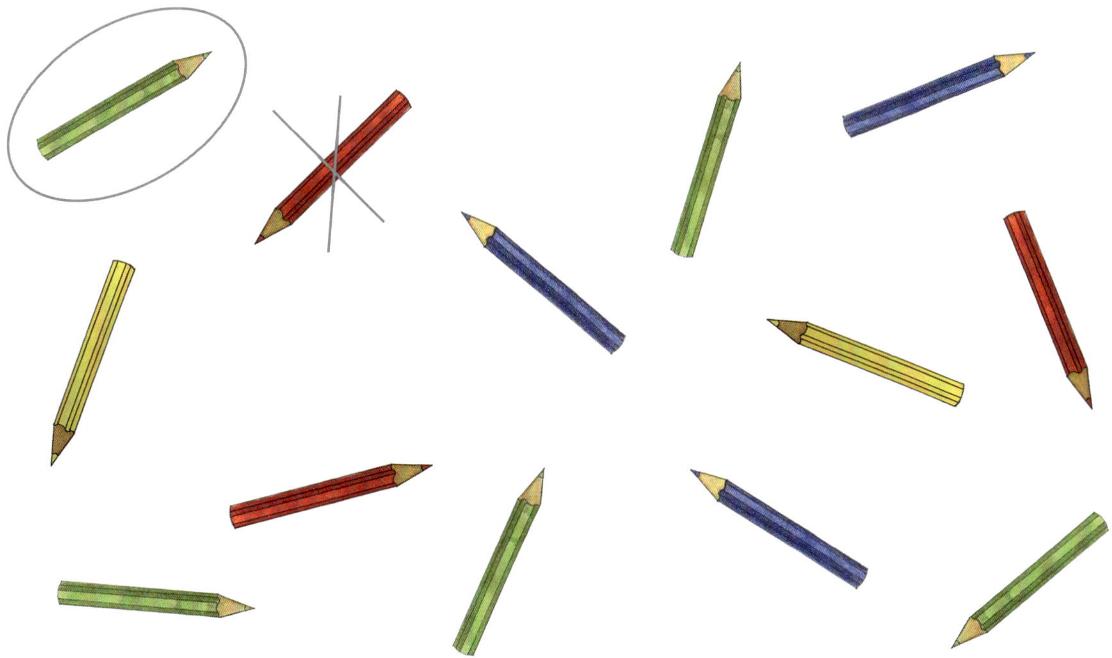

A3.2 Klein und groß

Konkret	Aufgabe:	Zeige auf die kleinen Löffel. Lege sie auf eine Seite. Zeige auf die großen Löffel. Lege sie auf die andere Seite.	A1 **A2** A3 A4
	Material:	kleine und große Löffel	
Abbildung	Aufgabe:	Zeige auf die Bildkarten mit kleinen Löffeln. Lege sie auf eine Seite. Zeige auf die Bildkarten mit großen Löffeln. Lege sie auf die andere Seite.	A5 A6 A7 A8
	Material:	Bildkarten „Löffel“ (kleine und große)	
Symbolisch	Aufgabe:	Welche Löffel sind klein? Kreise ein. Welche Löffel sind groß? Streiche durch.	A9
	Material:	Arbeitsblatt S. 49	48

Kreise ein! **Streiche durch!**

A3.3 Rund und eckig

Konkret	Aufgabe:	Zeige auf die runden Dinge. Lege sie auf eine Seite. Zeige auf die eckigen Dinge. Lege sie auf die andere Seite.	A1
	Material:	runde Dinge (z. B. Ball, Teller, Murmel), eckige Dinge (z. B. Buch, Bild, Legostein)	A2 A3 A4
Abbildung	Aufgabe:	Zeige auf Bildkarten mit runden Dingen. Lege sie auf eine Seite. Zeige auf Bildkarten mit eckigen Dingen. Lege sie auf die andere Seite.	A5 A6
	Material:	Sammlung „Spielzeug“, „Schule“, „Geschirr“ (runde und eckige Dinge)	A7 A8
Symbolisch	Aufgabe:	Was ist rund? Kreise ein. Was ist eckig? Streiche durch.	A9
	Material:	Arbeitsblatt S. 51	

Kreise ein! **Streiche durch!**

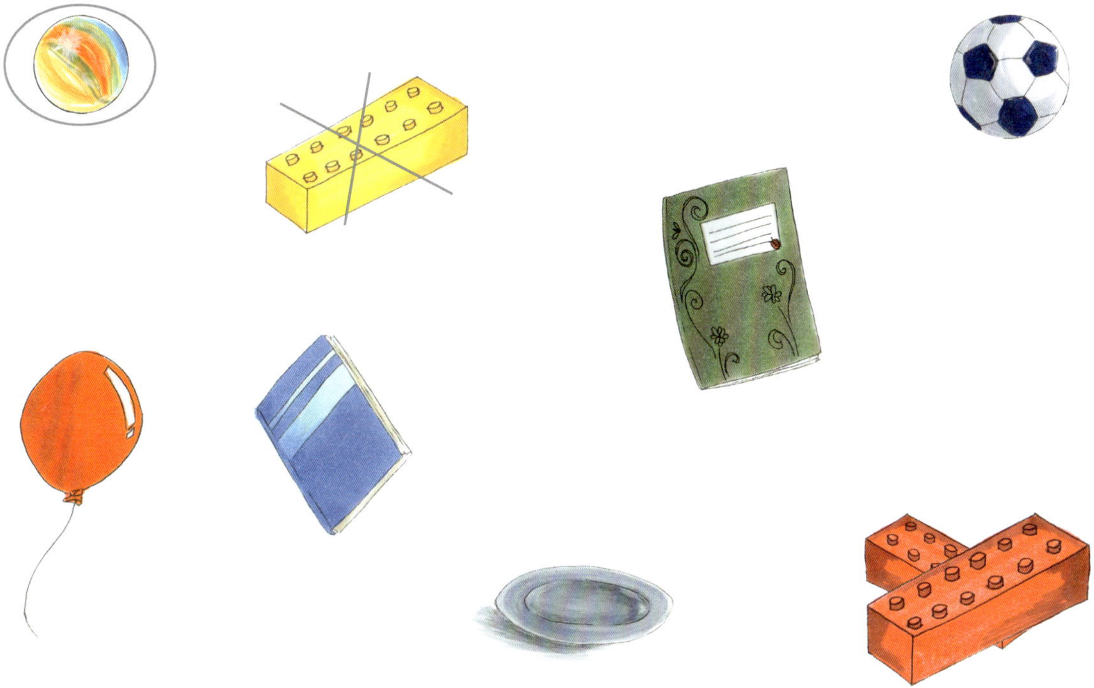

A3.4 Hart und weich

Konkret	Aufgabe:	Zeige auf Dinge, die sich hart anfühlen. Lege sie auf eine Seite. Zeige auf die Dinge, die sich weich anfühlen. Lege sie auf die andere Seite.	A1 A2
	Material:	harte Dinge (z.B. Stein, Buch, Tasse), weiche Dinge (z.B. Kissen, Handtuch, Decke)	A3 A4
Abbildung	Aufgabe:	Zeige auf Bildkarten mit harten Dingen. Lege sie auf eine Seite. Zeige auf Bildkarten mit weichen Dingen. Lege sie auf die andere Seite.	A5 A6
	Material:	Sammlung „Besteck“, „Geschirr“, „Kleidung“, „Schule“, „Sonstiges“ (harte und weiche Dinge)	A7 A8
Symbolisch	Aufgabe:	Was ist hart? Kreise ein. Was ist weich? Streiche durch.	A9
	Material:	Arbeitsblatt S. 53	

Kreise ein! **Streiche durch!**

A3.5 Süß und salzig

Konkret	Aufgabe:	Zeige auf Dinge, die süß schmecken. Lege sie auf eine Seite. Zeige auf Dinge, die salzig schmecken. Lege sie auf die andere Seite.	A1 A2 **A3** A4
	Material:	süße Dinge (z.B. Schokolade, Bonbons), salzige Dinge (z.B. Salzstangen, Erdnüsse)	
Abbildung	Aufgabe:	Zeige auf Bildkarten mit süßen Dingen. Lege sie auf eine Seite. Zeige auf Bildkarten mit salzigen Dingen. Lege sie auf die andere Seite.	A5 A6 A7 A8
	Material:	Sammlung „Essen" (süßes und salziges Essen)	
Symbolisch	Aufgabe:	Was schmeckt süß? Kreise ein. Was schmeckt salzig? Streiche durch.	A9
	Material:	Arbeitsblatt S. 55	

Kreise ein! **Streiche durch!**

A4 Gruppen und Untergruppen nach erarbeiteten Merkmalen bilden

Kompetenz:

Die Schülerin/der Schüler ...

... ordnet Gegenstände aufgrund erkannter Merkmale zu Gruppen und Untergruppen zu.

Aufgabenübersicht:

Zugehörige Seiten im DIFMaB (de Vries, 2018):

Seite 33: Feindiagnosebogen

Seite 55 – 56: Förderhinweise

A4.1 Nach Farben sortieren

Konkret	Aufgabe:	Ordne die Stifte/ Spielfiguren/ verschiedenen Gegenstände nach Farben.	A1 A2 A3 **A4**
	Material:	Stifte, Spielfiguren, beliebige Gegenstände in den Farben Blau, Rot, Gelb, Grün	
Abbildung	Aufgabe:	Ordne die Bildkarten mit Stiften/Spielfiguren/ verschiedenen Gegenstände nach Farben.	A5 A6 A7 A8
	Material:	Bildkarten „Stift“, „Spielfiguren“, beliebige Bildkarten in den Farben Blau, Rot, Gelb, Grün	
Symbolisch	Aufgabe:	Verbinde die Stifte/Spielfiguren/ verschiedenen Gegenstände mit dem richtigen Farbfeld.	A9
	Material:	Arbeitsblatt S. 59 – 61	

Verbinde

Verbinde

Verbinde

A4.2 Obst und Gemüse sortieren

Konkret	Aufgabe: Ordne das Obst/Gemüse nach Sorten. Material: Obst (z. B. Äpfel, Bananen, Birnen), Gemüse (z. B. Tomaten, Gurken, Paprika, Kartoffeln, Zwiebeln, Karotten)	A1 A2 A3 **A4**
Abbildung	Aufgabe: Ordne die Bildkarten mit Obst/Gemüse nach Sorten. Material: Sammlung „Essen“ (verschiedene Obst- und Gemüsesorten)	A5 A6 A7 A8
Symbolisch	Aufgabe: Verbinde das Obst/Gemüse mit dem richtigen Feld. Material: Arbeitsblatt S. 63 – 65	A9

Verbinde

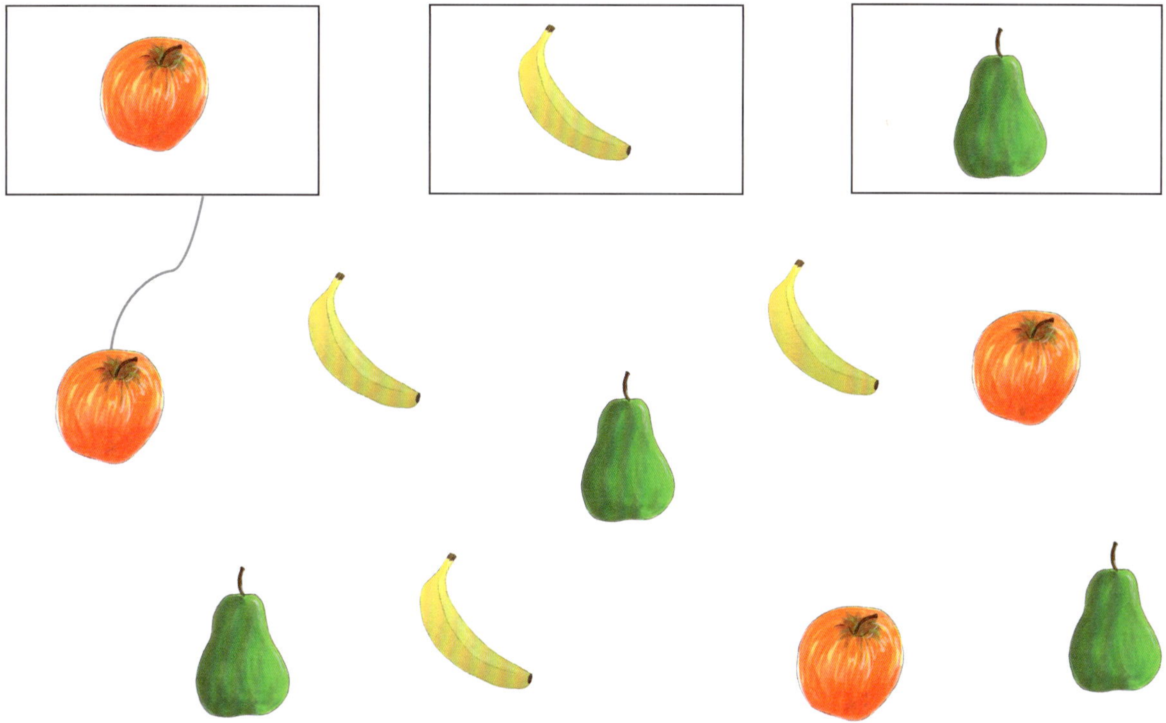

Verbinde

Verbinde

A4.3 Geschirr sortieren

Konkret	Aufgabe: Ordne das Geschirr. Material: Geschirr (z. B. Teller, Tasse, Schüssel, Becher)	A1 A2 A3 **A4**
Abbildung	Aufgabe: Ordne die Bildkarten mit Geschirr. Material: Sammlung „Geschirr“	A5 A6 A7 A8
Symbolisch	Aufgabe: Verbinde das Geschirr mit dem richtigen Feld. Material: Arbeitsblatt S. 67	A9

Verbinde

A5 Raumbegriffe

Kompetenz:

Die Schülerin/der Schüler ...

... erkennt und nutzt Raumbegriffe (z. B. oben, unten, vor, hinter, neben) zur Beschreibung von Raum-Lage-Beziehungen.

Aufgabenübersicht:

Zugehörige Seiten im DIFMaB (de Vries, 2018):

Seite 34: Feindiagnosebogen

Seite 56: Förderhinweise

A5.1 Wo liegt das Buch?

Konkret	Aufgabe:	Lege das Buch auf/unter/neben/vor/hinter den Tisch und zwischen die Tische.	A1 A2 A3 A4
	Material:	Buch	
Abbildung	Aufgabe:	Wo liegt das Buch auf der Bildkarte? Beschreibe.	**A5** A6 A7 A8
	Material:	Bildkarten „Tisch“, „Buch	
Symbolisch	Aufgabe:	Male ein Buch auf/unter/neben/vor den Tisch und zwischen die Tische.	A9
	Material:	Arbeitsblatt S. 71	

Male!

auf

unter

neben

vor

zwischen

A5.2 Wo ist der Ball

Konkret	Aufgabe:	Halte den Ball über/neben/vor/hinter dich und zwischen dich und eine andere Person.	A1 A2 A3 A4
	Material:	Ball/ggf. Handpuppe	
Abbildung	Aufgabe:	Wo liegt der Ball auf der Bildkarte? Beschreibe.	A5 A6 A7 A8
	Material:	Bildkarten „Kind“, „Ball“	
Symbolisch	Aufgabe:	Male einen Ball über/unter/neben/vor das Kind und zwischen die Kinder.	A9
	Material:	Arbeitsblatt S. 73	

Male den Ball an die richtige Stelle!

über

unter

neben

vor

zwischen

A5.3 Wo liegen die Legosteine?

Konkret	Aufgabe:	Eine Person diktiert, wo die Legosteine hingelegt werden sollen.
	Beispiel:	Lege einen roten Legostein auf das Sofa. Lege einen grünen Legostein neben das Sofa … (entsprechende Legosteine werden benötigt).
Abbildung	Aufgabe:	Eine Person diktiert, wo die Bildkarten mit verschiedenfarbigen Legosteinen auf die Bildkarte mit dem Sofa hingelegt werden sollen.
	Material:	Bildkarten „Sofa“, „Legostein“
Symbolisch	Aufgabe:	Eine Person diktiert die Anweisung: Male einen roten Legostein auf das Sofa, einen blauen unter das Sofa, einen gelben neben das Sofa und einen grünen über das Sofa.
	Material:	Arbeitsblatt S. 75

Male!

75

A5.4 Bilddiktat

Konkret	Aufgabe:	Eine Person diktiert, wie verschiedene Gegenstände angeordnet werden sollen.
	Beispiel:	Lege ein Buch auf den Tisch. Lege ein Stift neben das Buch. Lege eine Schere auf das Buch (entsprechendes Material wird benötigt).
Abbildung	Aufgabe:	Eine Person diktiert, wie die Bildkarten auf einem Extrazettel angeordnet werden sollen (Anweisungen siehe Arbeitsblatt S. 77).
	Material:	Sammlung „Bilddiktat“, Extrazettel, Arbeitsblatt S. 77
Symbolisch	Aufgabe:	Eine Person diktiert, was auf einem Extrazettel gemalt werden soll (Anweisungen siehe Arbeitsblatt S. 77).
	Material:	Arbeitsblatt S. 77, leeres Blatt

Male!

Ich möchte dir eine Geschichte erzählen, zu der du ein Bild legen/malen sollst. Ich mache nach jedem Satz eine kurze Pause, damit du Zeit zum Hinlegen/Aufmalen hast.

Unten auf dem Blatt ist eine Wiese.

In der Mitte auf der Wiese steht ein Kind.

Neben dem Kind steht ein Fußballtor.

Zwischen dem Kind und dem Fußballtor liegt ein Ball auf der Wiese.

Oben am Himmel ist eine Sonne.

Neben der Sonne sind zwei Wolken.

Zugehörige Seiten im DIFMaB (de Vries, 2018):

Seite 34: Feindiagnosebogen

Seite 56: Förderhinweise

A5.5 Wo liegen die Gegenstände?

Konkret	Aufgabe:	Lege die Gegenstände in die beschriebenen Regalfächer.	A1 A2 A3 A4
	Beispiel:	Lege das Buch in das mittlere Fach. Lege den Ball in das Fach darüber ...	
	Material:	Regal, beliebige Gegenstände	
Abbildung	Aufgabe:	Lege die Bildkarten in die beschriebenen Regalfächer.	**A5** A6 A7 A8
	Beispiel:	Lege das Buch in das mittlere Fach. Lege den Ball in das Fach darüber ...	
	Material:	Sammlung „Regal“	
Symbolisch	Aufgabe:	Male die Gegenstände (z.B. Ball, Stift, Buch) in die beschriebenen Regalfächer.	A9
	Beispiel:	Male das Buch in das mittlere Fach. Male den Ball in das Fach darüber ...	
	Material:	Arbeitsblatt S. 79	

Male!

08

A6 Reihen bilden

Kompetenz:

Die Schülerin/der Schüler ...

... bildet mit beliebigen Gegenständen oder Zeichen eine Reihe (z. B. Warteschlange, Reihe aus Steinen).

Aufgabenübersicht:

Zugehörige Seiten im DIFMaB (de Vries, 2018):

Seite 35: Feindiagnosebogen

Seite 57: Förderhinweise

A6.1 Warteschlangen

Konkret	Aufgabe:	Stelle die Lego-Männchen/Autos/ Spielfiguren in eine Reihe.	A1 A2 A3 A4
	Material:	Lego-Männchen, Spielzeugautos, Spielfiguren	
Abbildung	Aufgabe:	Lege die Bildkarten mit Kindern/Autos/ Spielfiguren in eine Reihe.	A5 **A6** A7 A8
	Material:	Bildkarten „Strichmännchen“, „Auto“, „Spielfigur“	
Symbolisch	Aufgabe:	Male die Reihe mit Strichmännchen/Autos/ Spielfiguren zu Ende.	A9
	Material:	Arbeitsblatt S. 83 – 85	82

Male!

Male! 

Male!

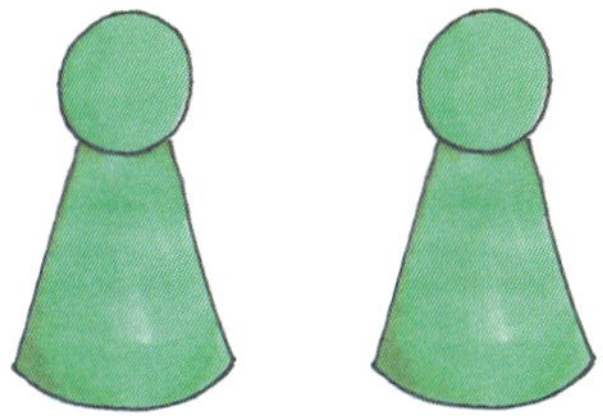

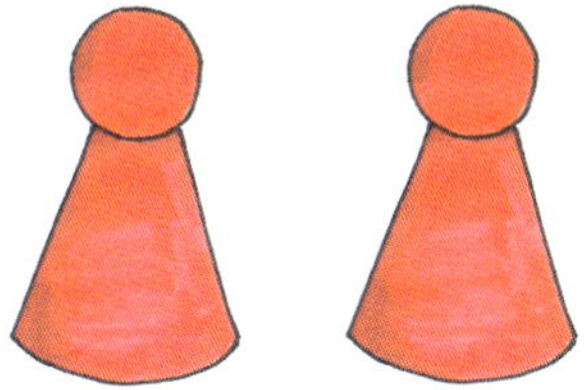

A6.2 Reihen nach Größe

Konkret	Aufgabe:	Lege die Stifte/Kerzen/Lego-Türme der Größe nach in eine Reihe. Beginne mit dem kleinsten und werde immer größer.	A1 A2
	Material:	Stifte, Kerzen, Lego-Türme in unterschiedlichen Größen	A3 A4
Abbildung	Aufgabe:	Lege die Bildkarten mit Stiften/Kerzen/Lego-Türmen der Größe nach in eine Reihe. Beginne mit dem kleinsten und werde immer größer.	A5 A6 A7
	Material:	Sammlung „Reihen nach Größe“	A8
Symbolisch	Aufgabe:	Male die Reihe mit Stiften/Kerzen/Lego-Türmen zu Ende. Werde dabei immer größer.	A9
	Material:	Arbeitsblatt S. 87 – 89	

Male!

Male!

Male!

A6.3 Reihen nach Muster

Konkret	Aufgabe:	Lege die Spielfiguren nach folgenden Mustern in eine Reihe: rot-gelb-rot-gelb, grün-blau-grün-blau, rot-gelb-grün-rot-gelb-grün, …	A1 A2 A3 A4
	Material:	Spielfiguren (Hilfe: 2er/3er Muster zeigen)	
Abbildung	Aufgabe:	Lege die Bildkarten mit Spielfiguren nach folgenden Mustern in eine Reihe: rot-blau-rot-blau, grün-gelb-grün-gelb, blau-gelb-rot-blau-gelb-rot, …	A5 **A6** A7 A8
	Material:	Bildkarten „Spielfigur“	
Symbolisch	Aufgabe:	Male das Muster zu Ende.	A9
	Material:	Arbeitsblatt S. 91 – 93	

Male!

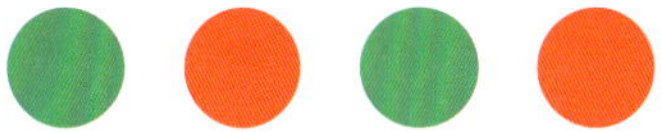

Male! 

Male!

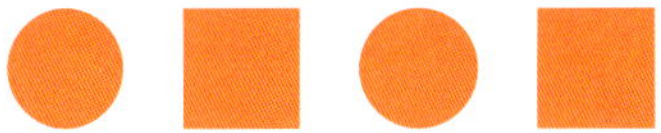

A7 Gleichheit von Gegenstandsmengen

Kompetenz:

Die Schülerin/der Schüler ...

... erkennt aufgrund eines visuellen Vergleichs die Gleichheit zweier unterschiedlich angeordneter Mengen

Aufgabenübersicht:

Zugehörige Seiten im DIFMaB (de Vries, 2018):

Seite 36: Feindiagnosebogen

Seite 57–58: Förderhinweise

A7.1 Sind es gleich viele Kartoffeln?

Konkret	Aufgabe:	Eine Person ordnet auf 2 Tellern die gleiche Menge (2 bis 5 Stück) an Kartoffeln unterschiedlich an. Liegen auf beiden Tellern gleich viele Kartoffeln?	A1 A2 A3 A4
	Material:	bis zu 10 Kartoffeln, 2 Teller	
Abbildung	Aufgabe:	Eine Person ordnet auf 2 Tellern (Bildkarte) die gleiche Menge (2 bis 5 Stück) an Kartoffeln (Bildkarte) unterschiedlich an. Liegen auf beiden Tellern gleich viele Kartoffeln?	A5 A6 **A7** A8
	Material:	Bildkarten „Kartoffel", „Teller groß"	
Symbolisch	Aufgabe:	Mache ein Häkchen in jedes Feld, wo gleich viele Punkte in den Kreisen sind. Mache ein Kreuz in jedes Feld, wo nicht gleich viele Punkte in den Kreisen sind. (Arbeitsblatt S. 97–98) Verbinde gleich große Mengen. (Arbeitsblatt S. 99)	A9

Mache ein Häkchen! ☑ **Kreuze an!** ☒

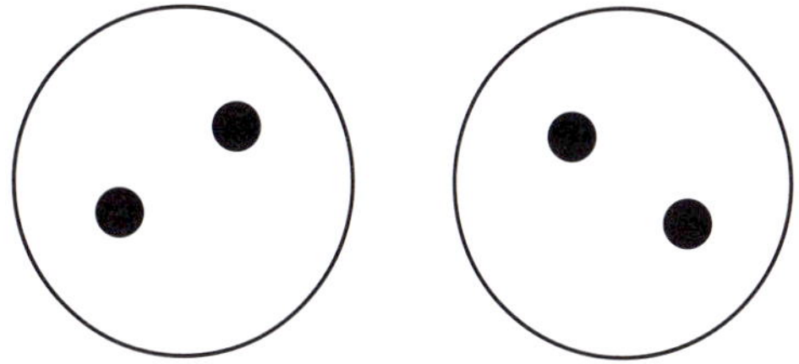

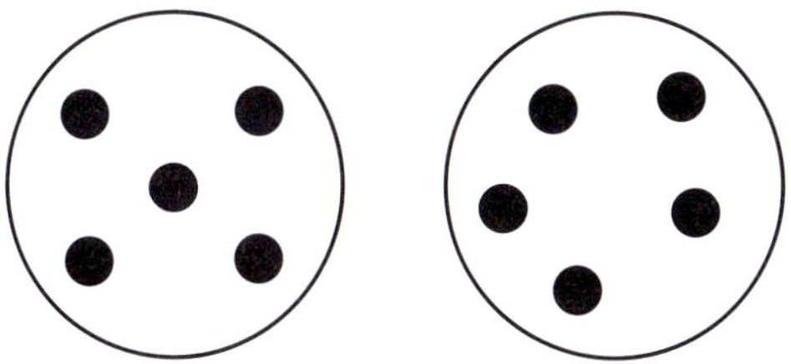

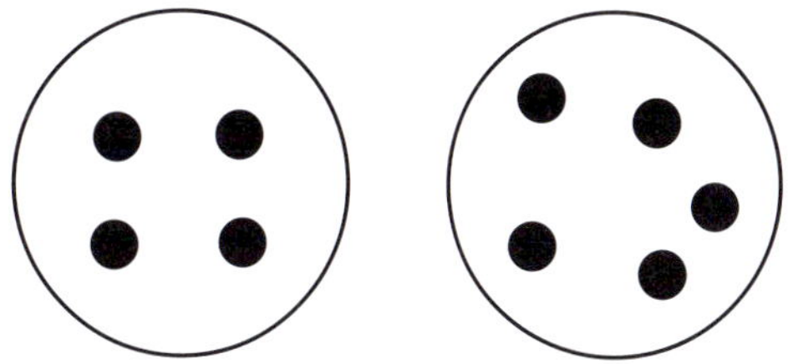

Mache ein Häkchen! ✓ **Kreuze an!** ☒

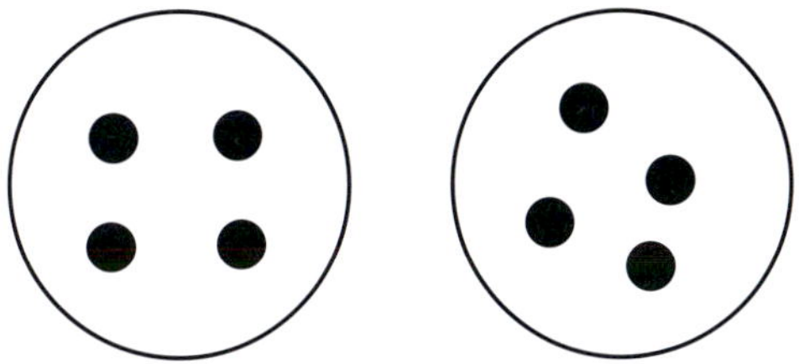

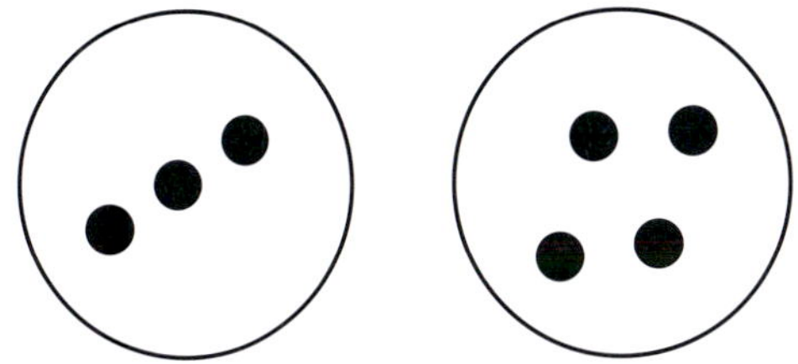

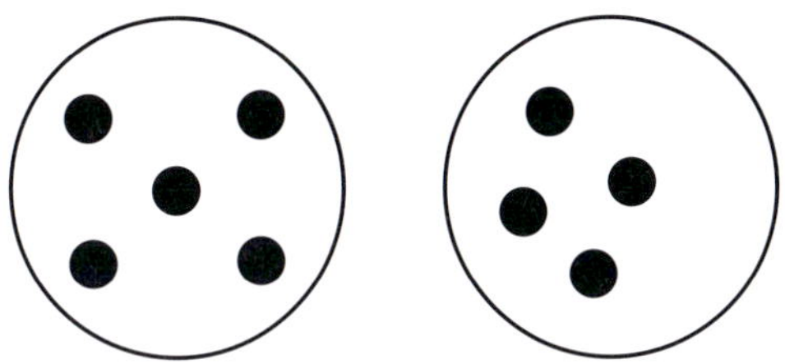

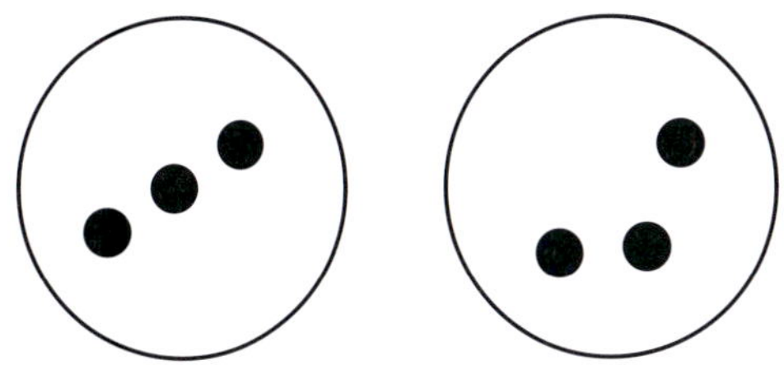

Verbinde gleiche Mengen

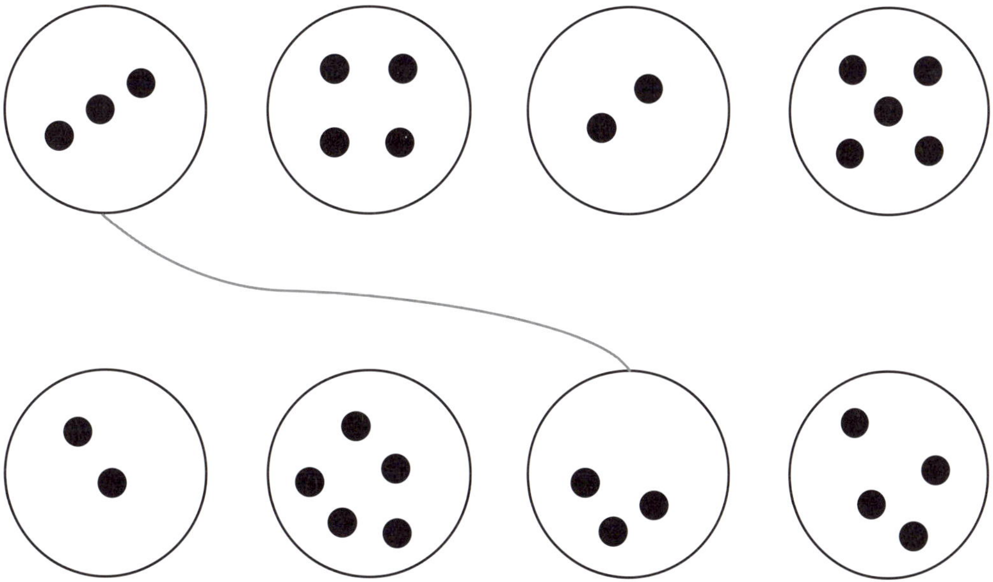

A7.2 Sind es gleich viele Legosteine?

Konkret	Aufgabe:	Eine Person ordnet auf 2 Tellern die gleiche Menge (2 bis 5 Stück) an Legosteinen unter schiedlich an. Liegen auf beiden Tellern gleich viele Legosteine?	A1 A2 A3 A4
	Material:	bis zu 10 Legosteine, 2 Teller	
Abbildung	Aufgabe:	Eine Person ordnet auf 2 Tellern (Bildkarte) die gleiche Menge (2 bis 5 Stück) an Legosteinen (Bildkarte) unterschiedlich an. Liegen auf beiden Tellern gleich viele Legosteine?	A5 A6 **A7** A8
	Material:	Bildkarten „Legostein", „Teller groß	
Symbolisch	Aufgabe:	Mache ein Häkchen in jedes Feld, wo gleich viele Vierecke in den Kreisen sind. Mache ein Kreuz in jedes Feld, wo nicht gleich viele Vierecke in den Kreisen sind (Arbeitsblatt S. 101 – 102).	A9
		Verbinde gleich große Mengen (Arbeitsblatt S. 103).	

Mache ein Häkchen! **Kreuze an!**

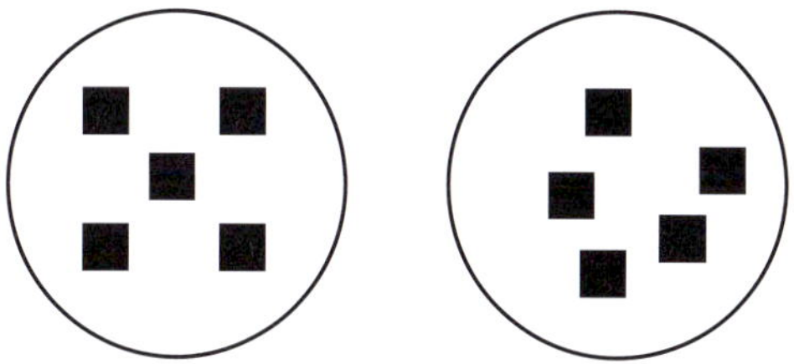

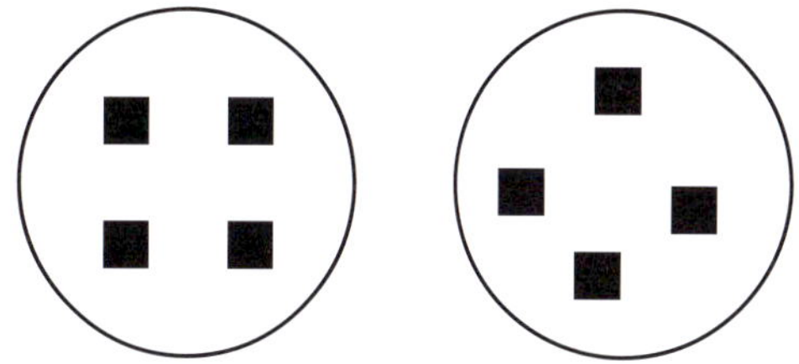

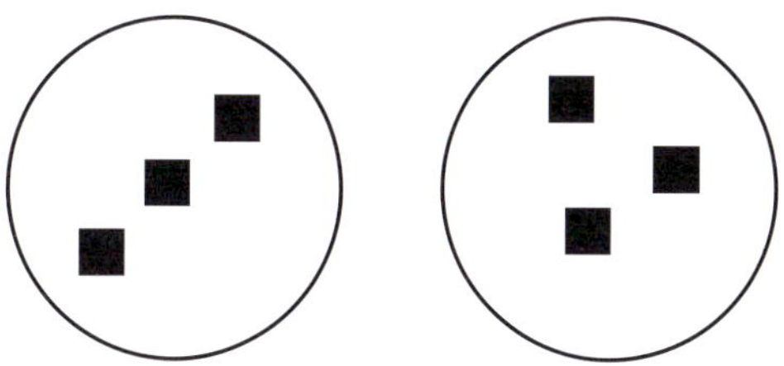

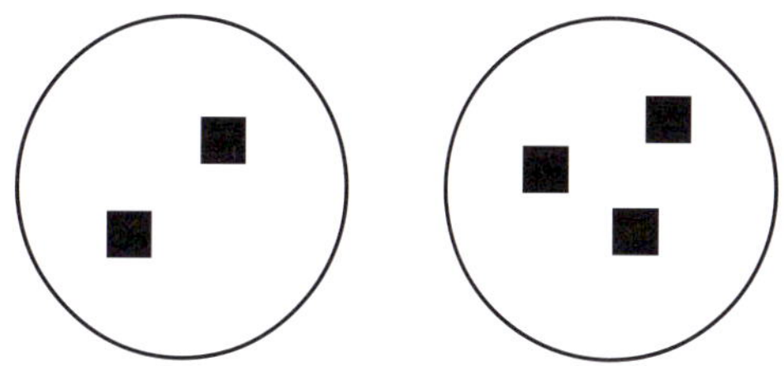

Mache ein Häkchen! Kreuze an!

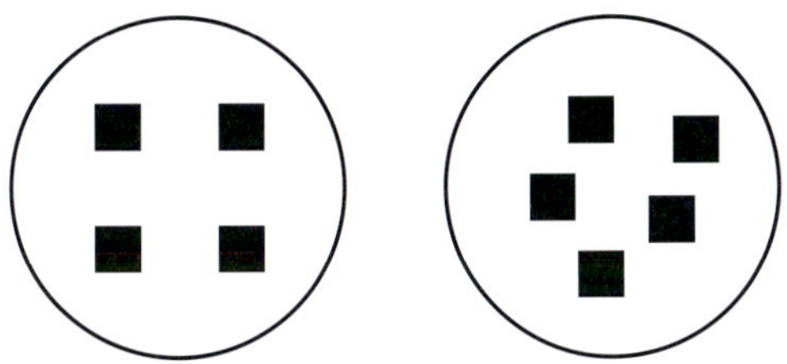

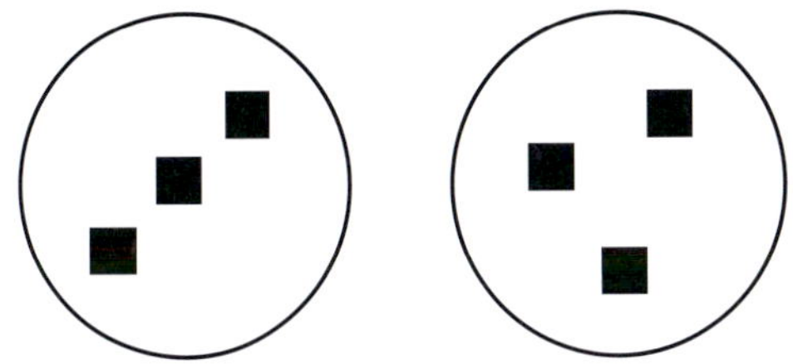

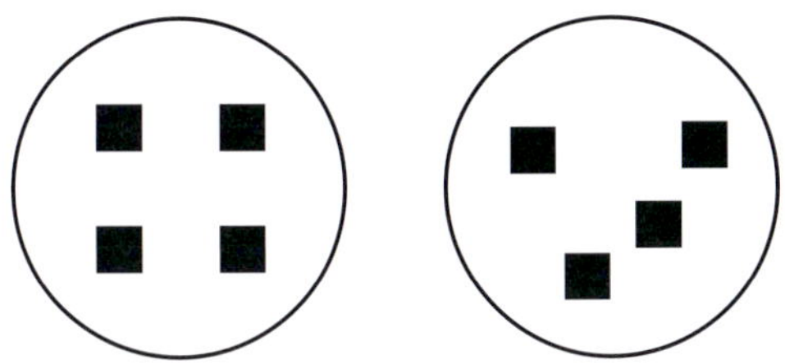

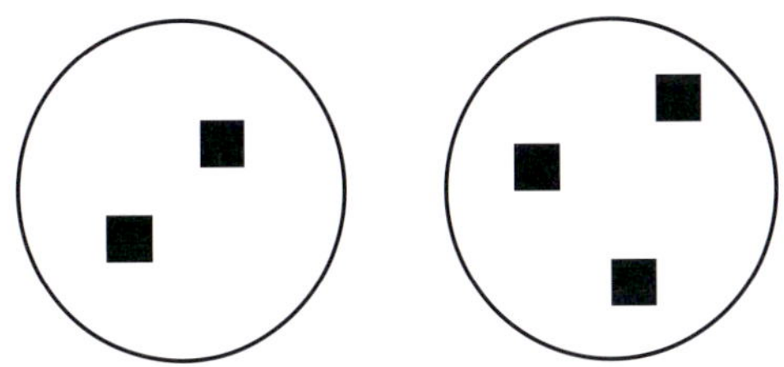

Verbinde gleiche Mengen

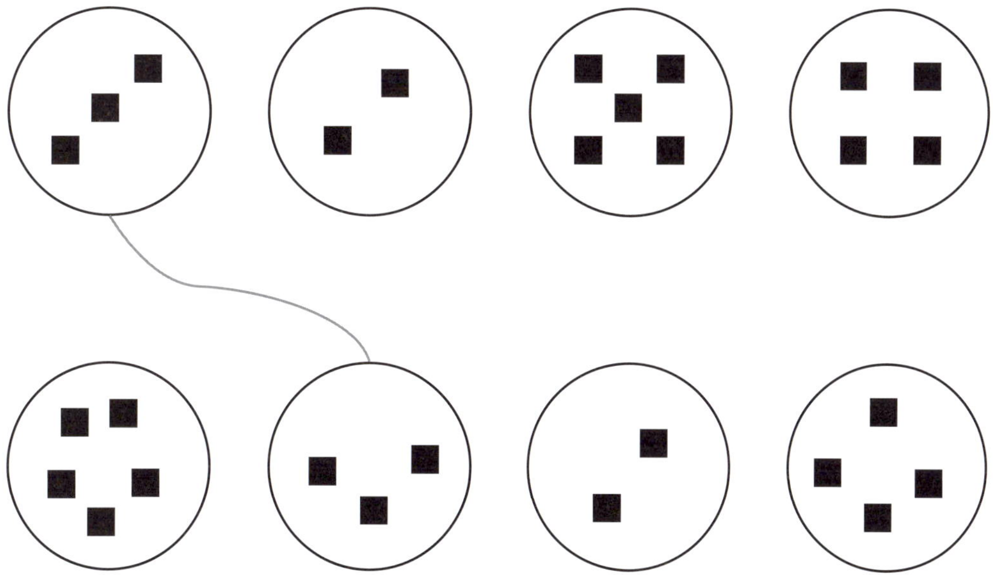

A7.3 Sind es gleich viele Spielfiguren?

Konkret	Aufgabe:	Eine Person ordnet auf 2 Tellern die gleiche Menge (2 bis 5 Stück) an Spielfiguren unterschiedlich an. Liegen auf beiden Tellern gleich viele Spielfiguren?	A1 A2 A3 A4
	Material:	bis zu 10 Spielfiguren, 2 Teller	
Abbildung	Aufgabe:	Eine Person ordnet auf 2 Tellern (Bildkarte) die gleiche Menge (2 bis 5 Stück) an Spielfiguren (Bildkarte) unterschiedlich an. Liegen auf beiden Tellern gleich viele Spielfiguren?	A5 A6 **A7** A8
	Material:	Bildkarten „Spielfigur“, „Teller groß“	
Symbolisch	Aufgabe:	Mache ein Häkchen in jedes Feld, wo gleich viele Dreiecke in den Kreisen sind. Mache ein Kreuz in jedes Feld, wo nicht gleich viele Dreiecke in den Kreisen sind (Arbeitsblatt S. 105 – 106). Verbinde gleich große Mengen (Arbeitsblatt S. 107).	A9

Mache ein Häkchen! **Kreuze an!**

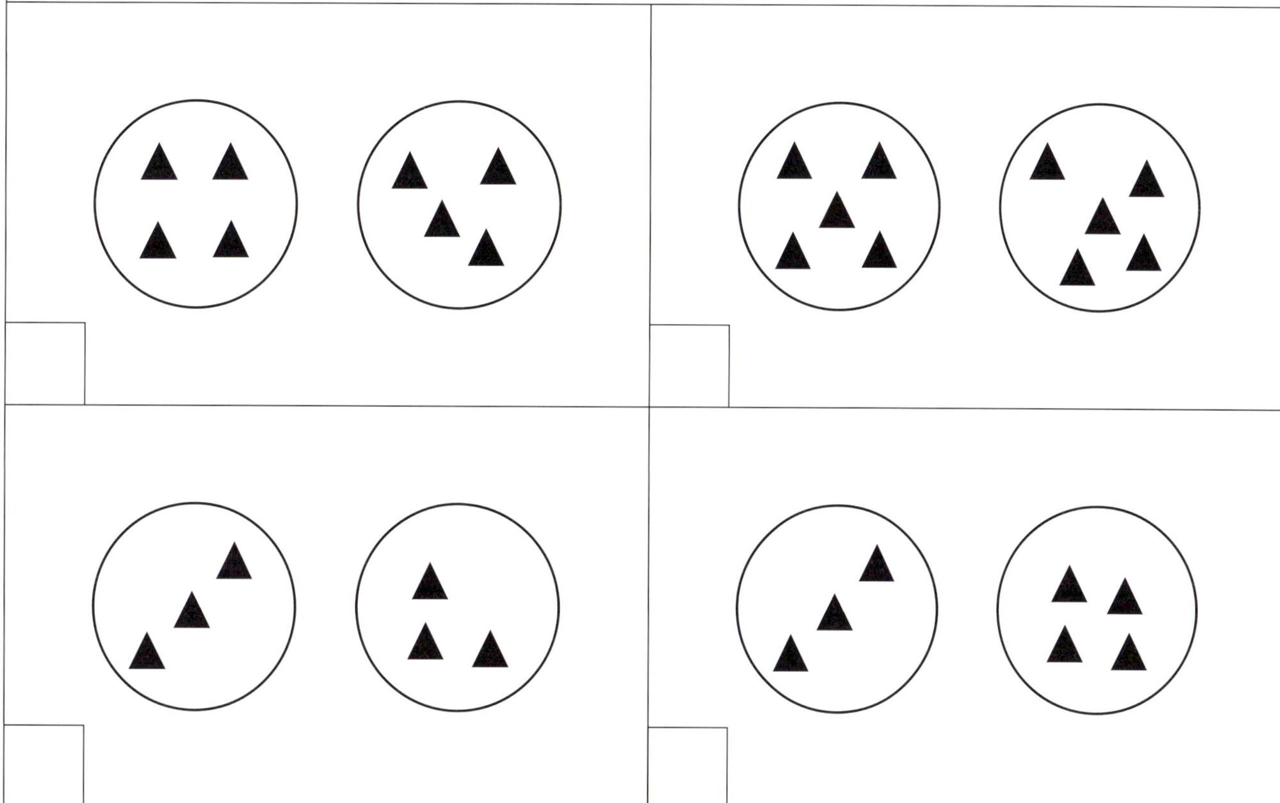

Mache ein Häkchen! Kreuze an!

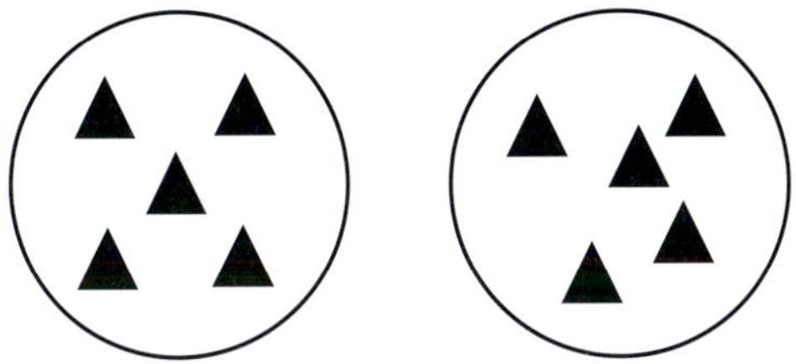

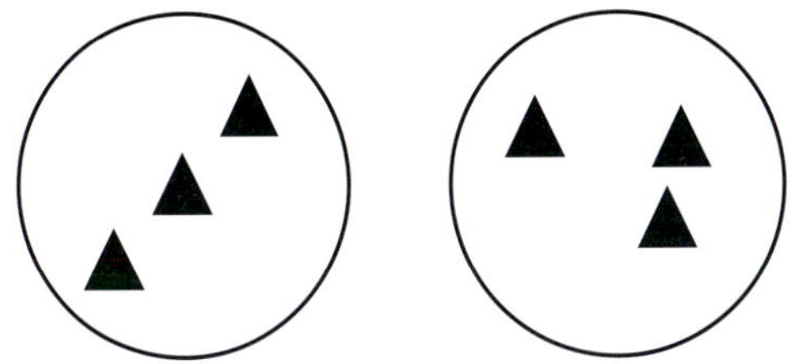

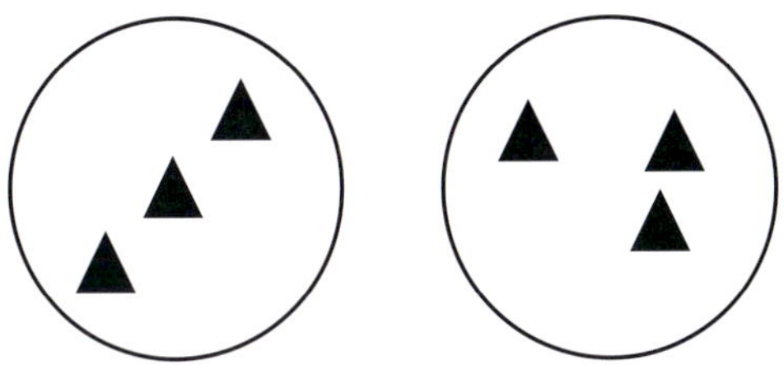

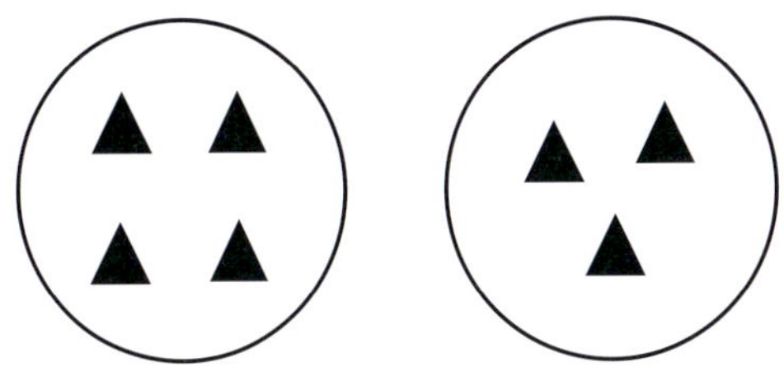

Verbinde gleiche Mengen

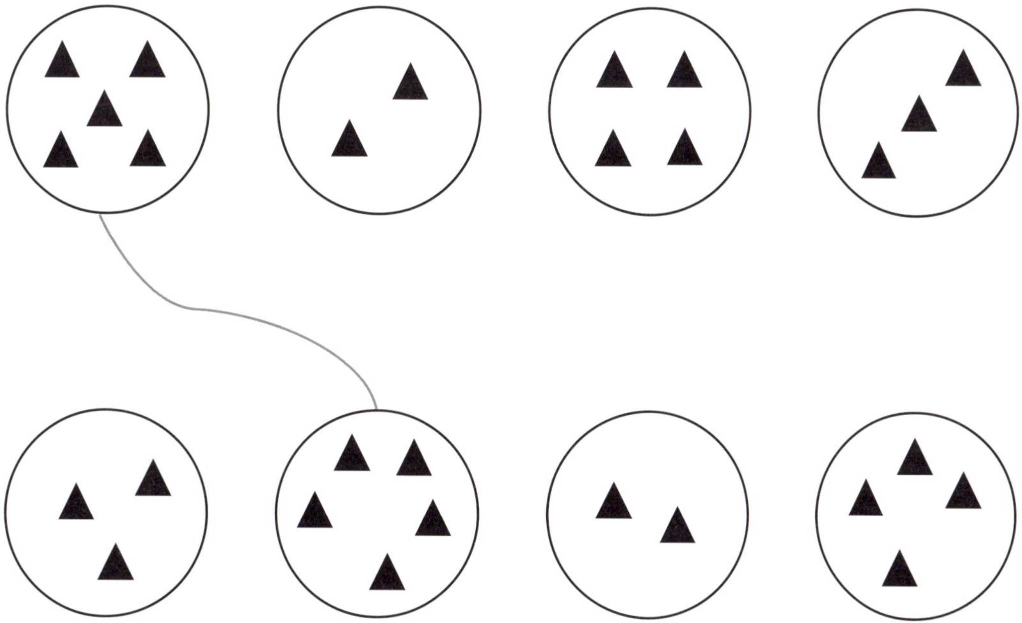

A8 Stück-zu-Stück-Ordnung

Kompetenz:

Die Schülerin/der Schüler ...

... ordnet Elemente zweier gleich großer Mengen durch gezielte Stück-zu-Stück-Zuordnung.

Aufgabenübersicht:

Zugehörige Seiten im DIFMaB (de Vries, 2018):

Seite 37: Feindiagnosebogen

Seite 58: Förderhinweise

A8.1 Sind es gleich viele Strohhalme?

Konkret	Aufgabe:	Stelle in jeden Becher einen Strohhalm.	A1 A2 A3 A4
	Material:	Becher, Strohhalme	
Abbildung	Aufgabe:	Lege jede Bildkarte mit einem Strohhalm auf eine Bildkarte mit einem Becher.	A5 A6 **A7** A8
	Material:	Bildkarten „Becher", „Strohhalm"	
Symbolisch	Aufgabe:	Male in jeden Becher einen Strohhalm.	A9
	Material:	Arbeitsblatt S. 111	

Male!

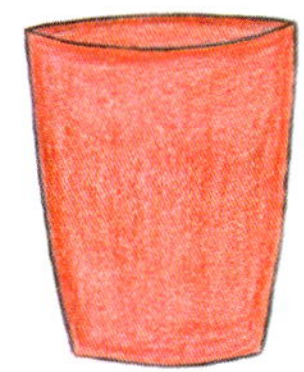

A8.2 Messer zu Tellern zuordnen

Konkret	Aufgabe:	Lege auf jeden Teller ein Messer.	A1 A2 A3 A4
	Material:	Teller, Messer	
Abbildung	Aufgabe:	Lege jede Bildkarte mit einem Messer auf eine Bildkarte mit einem Teller.	A5 A6 A7 **A8**
	Material:	Bildkarten „Messer“, „Teller groß“	
Symbolisch	Aufgabe:	Male auf jeden Teller ein Messer.	A9
	Material:	Arbeitsblatt S. 113	

Male!

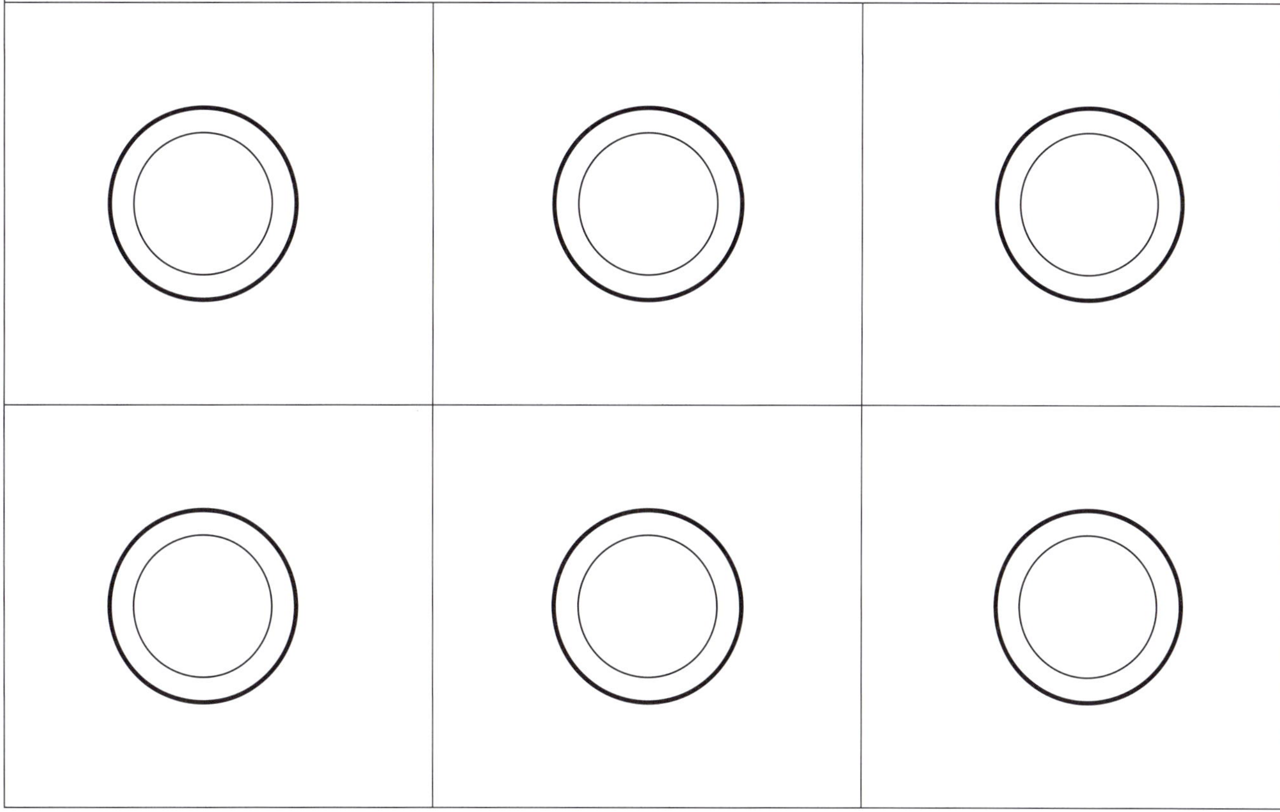

A8.3 Hosen zu T-Shirt zuordnen

Konkret	Aufgabe:	Lege zu jedem T-Shirt eine Hose.	A1 A2 A3 A4
	Material:	T-Shirts, Hosen	
Abbildung	Aufgabe:	Lege zu jeder Bildkarte mit einem T-Shirt eine Bildkarte mit einer Hose.	A5 A6 A7 **A8**
	Material:	Bildkarten „T-Shirt“, „Hose“	
Symbolisch	Aufgabe:	Male zu jedem T-Shirt eine Hose.	A9
	Material:	Arbeitsblatt S. 115	

Male!

A8.4 Socken zu Schuhen zuordnen

Konkret	Aufgabe:	Stecke in jeden Schuh eine Socke.	A1 A2 A3 A4
	Material:	Schuhe, Socken	
Abbildung	Aufgabe:	Lege zu jeder Bildkarte mit einem Schuh eine Bildkarte mit einer Socke.	A5 A6 A7 **A8**
	Material:	Bildkarten „Schuh“, „Socke“	
Symbolisch	Aufgabe:	Male zu jedem Schuh eine Socke.	A9
	Material:	Arbeitsblatt S. 117	

Male!

A9 Grundsatz der Mengenerhaltung

Kompetenz:

Die Schülerin/der Schüler …

… weiß, dass die Mächtigkeit einer Menge gleich bleibt, auch wenn einzelne Elemente räumlich versetzt werden …

Aufgabenübersicht:

Zugehörige Seiten im DIFMaB (de Vries, 2018):

Seite 38: Feindiagnosebogen

Seite 58 – 59: Förderhinweise

A9.1 Sind es noch gleich viele Äpfel?

Konkret	Aufgabe:	Drei Äpfel liegen in einer Reihe auf dem Tisch. Die Äpfel in der Reihe werden weiter auseinandergezogen. Sind es noch gleich viele Äpfel?
	Material:	3 Äpfel
Abbildung	Aufgabe:	Drei Bildkarten mit Äpfeln liegen in einer Reihe auf dem Tisch. Die Bildkarten in der Reihe werden weiter auseinandergezogen. Sind es noch gleich viele Äpfel auf den Bildkarten?
	Material:	Bildkarten „Apfel“
Symbolisch	Aufgabe:	Sind es noch gleich viele Äpfel? Wenn ja, dann mache ein Häkchen.
	Material:	Arbeitsblatt S. 121

Mache ein Häkchen!

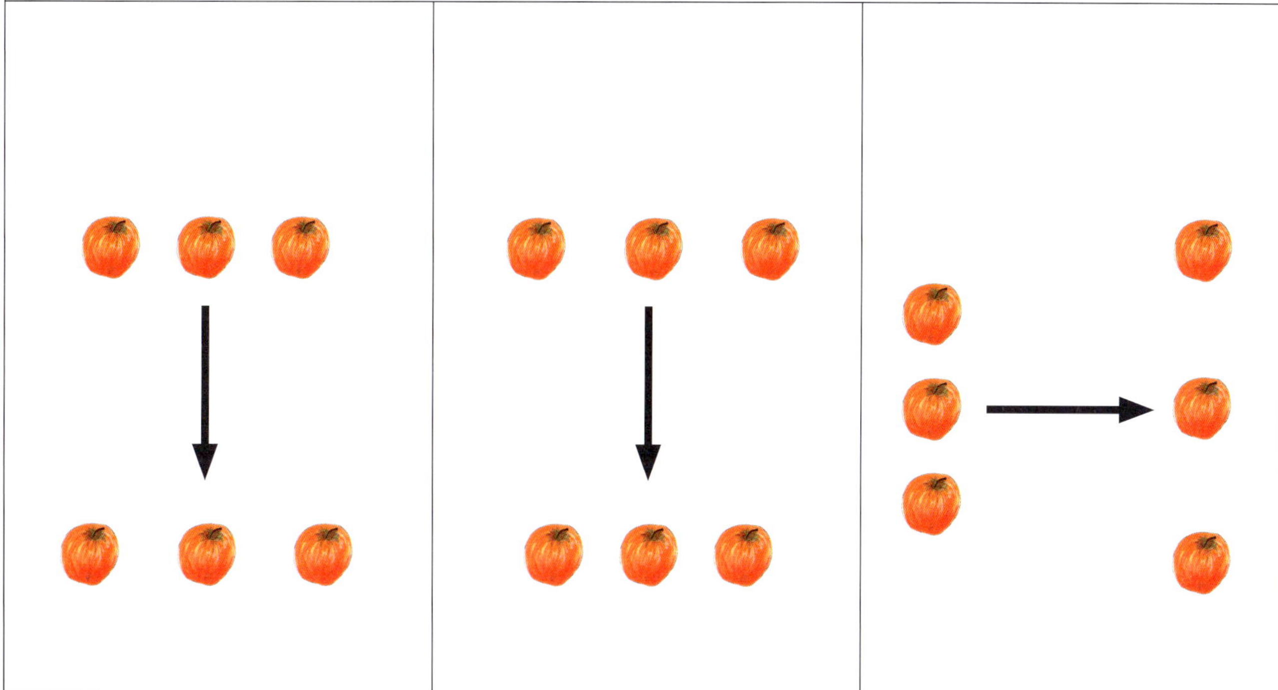

A9.2 Sind es noch gleich viele Wäscheklammern?

Konkret	Aufgabe:	Vier Wäscheklammern liegen in einer Reihe auf dem Tisch. Die Wäscheklammern in der Reihe werden enger zusammengeschoben. Sind es noch gleich viele Wäscheklammern?
	Material:	4 Wäscheklammern
Abbildung	Aufgabe:	Vier Bildkarten mit Wäscheklammern liegen in einer Reihe auf dem Tisch. Die Bildkarten in der Reihe werden zusammengeschoben. Sind es noch gleich viele Klammern auf den Bildkarten?
	Material:	Bildkarten „Wäscheklammer“
Symbolisch	Aufgabe:	Sind es noch gleich viele Wäscheklammern? Wenn ja, dann mache ein Häkchen.
	Material:	Arbeitsblatt S. 123

Mache ein Häkchen!

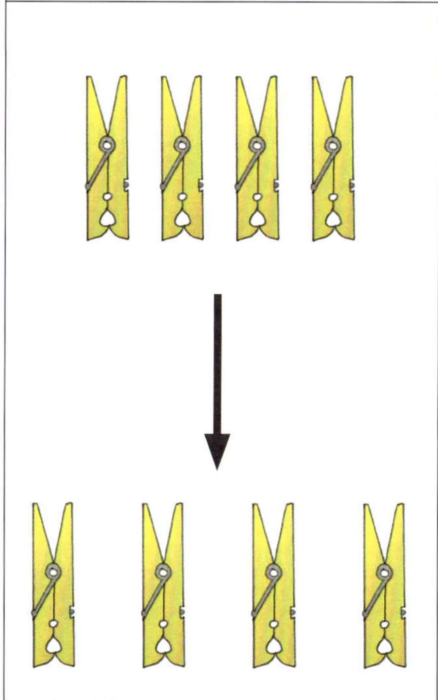

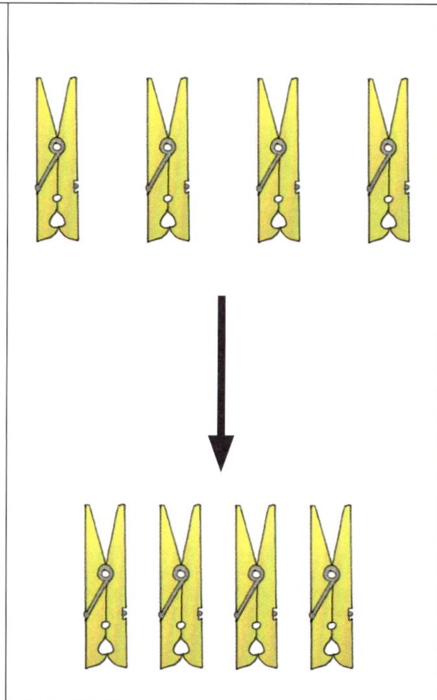

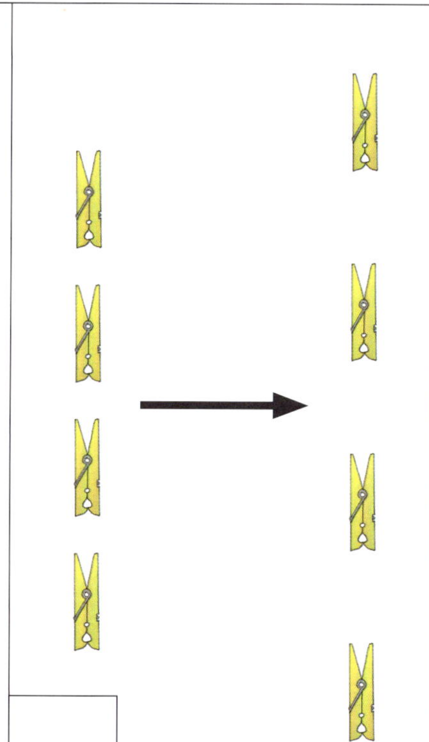

A9.3 Sind es noch gleich viele Stifte?

Konkret	Aufgabe:	Fünf Stifte liegen in einer Reihe auf dem Tisch. Die Stifte in der Reihe werden weiter auseinandergezogen. Sind es noch gleich viele Stifte?	
	Material:	5 Stifte	
Abbildung	Aufgabe:	Fünf Bildkarten mit Stiften liegen in einer Reihe auf dem Tisch. Die Bildkarten in der Reihe werden weiter auseinandergezogen. Sind es noch gleich viele Stifte auf den Bildkarten?	
	Material:	Bildkarten „Stift“	
Symbolisch	Aufgabe:	Sind es noch gleich viele Stifte? Wenn ja, dann mache ein Häkchen.	
	Material:	Arbeitsblatt S. 125	

Mache ein Häkchen!

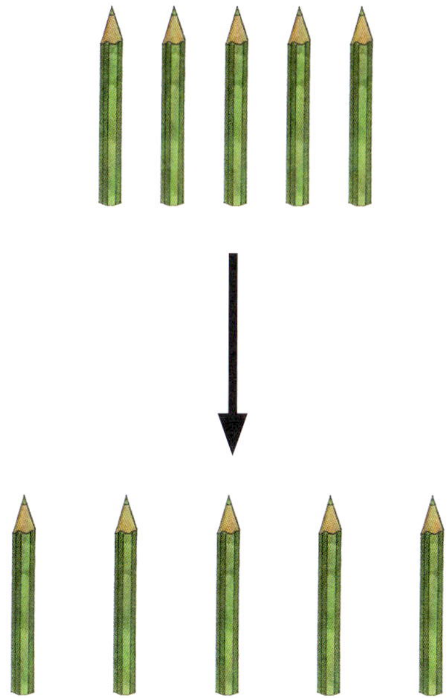

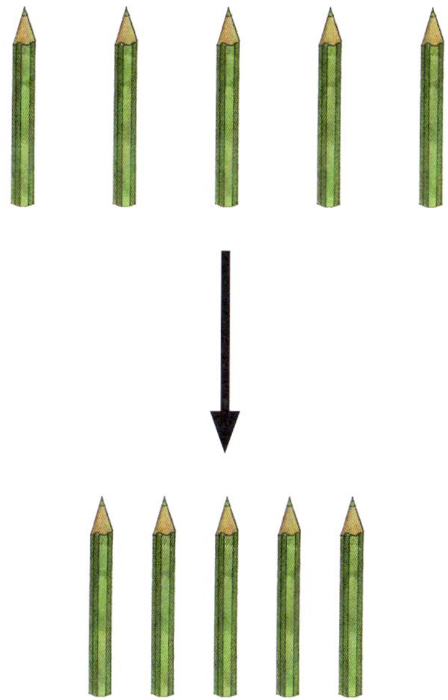

ZAHLBEGRIFF

Es geht um ...

... das Verständnis von Zahlen als abstrakte Symbole für die Mächtigkeit von Mengen. Die Mächtigkeit der Menge ist dabei losgelöst von den Merkmalen und der Anordnung einzelner Elemente. Zudem geht es um das Erkennen der Beziehungen von Zahlen zueinander (Vorgänger und Nachfolger). Der Zahlbegriff bildet die Grundlage für den Umgang mit Rechenoperationen.

B1 Ordinalaspekt

Kompetenz:

Die Schülerin/der Schüler …

… weiß, dass es eine feste, unveränderbare Reihenfolge der Zahlen gibt. Jede einzelne Zahl kann nur an einer bestimmten Stelle in dieser festen Zahlenreihe stehen. Jede Zahl hat dadurch auch einen festen Vorgänger und Nachfolger.

Aufgabenübersicht:

Zugehörige Seiten im DIFMaB (de Vries, 2018):

Seite 39: Feindiagnosebogen

Seite 59 – 60: Förderhinweise

B1.1 Wettrennen

Konkret	Aufgabe:	Eine Person stellt mehrere Lego-Männchen/ Autos/Spielfiguren in eine Reihe. In welcher Reihenfolge kommen die Lego-Männchen/ Autos/Spielfiguren ins Ziel? Zähle durch (1., 2., ...).	B1
	Material:	Lego-Männchen, Spielzeugautos, Spielfiguren	B2 B3 B4
Abbildung	Aufgabe:	Eine Person legt Bildkarten mit Lego-Männchen/Autos/Spielfiguren in eine Reihe. In welcher Reihenfolge kommen sie ins Ziel. Zähle.	B5
	Material:	Bildkarten „Lego-Männchen“, „Auto“, „Spielfigur“	
Symbolisch	Aufgabe:	In welcher Reihenfolge kommen die Männchen/ Autos/Spielfiguren ins Ziel? Schreibe/Lege die jeweils richtige Zahl/-karte in die Kästchen.	
	Material:	Arbeitsblatt S. 131 – 133 (ggf. Zahlenkarten) [1.] [2.] [3.]	

Schreibe! 123

Schreibe! 123

Schreibe! 123

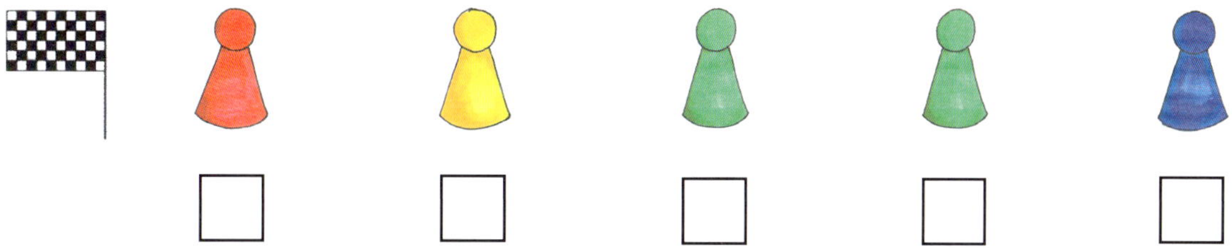

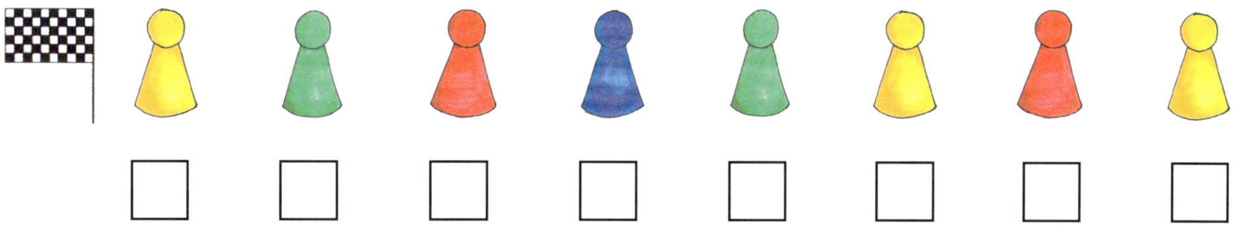

B1.2 Position bestimmen

Konkret	Aufgabe:	Eine Person stellt sechs Lego-Männchen/Autos/Spielfiguren in eine Reihe. Zeige auf den 2., 4. und 6. in der Reihe.
	Material:	Lego-Männchen, Spielzeugautos, Spielfiguren
Abbildung	Aufgabe:	Eine Person legt sechs Bildkarten mit Lego-Männchen/Autos/Spielfiguren in eine Reihe. Zeige auf den 2., 4. und 6. in der Reihe.
	Material:	Bildkarten „Lego-Männchen“, „Auto“, „Spielfigur“
Symbolisch	Aufgabe:	Male das richtige Männchen/Auto/Spielfigur bunt an.
	Material:	Arbeitsblatt S. 135 – 137

Male!

2.

6.

Male!

1.

4.

Male!

3.

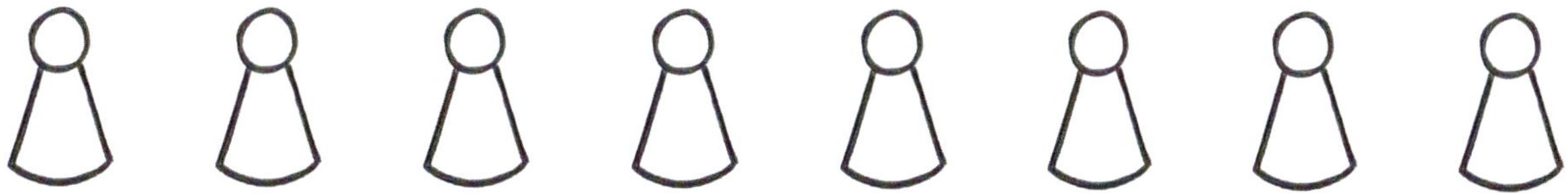

7.

B2 Eins-zu-Eins-Zuordnung

Kompetenzen:

Die Schülerin/der Schüler ...

... weiß, dass jedes gezählte Element einer Menge beim Abzählen ein Zahlwort erhält.

... weiß, dass jeder abgezählten Menge nur ein Zahlwort zugeordnet ist (eindeutige Menge-Zahl-Zuordnung).

Aufgabenübersicht:

Zugehörige Seiten im DIFMaB (de Vries, 2018):

Seite 40: Feindiagnosebogen

Seite 60: Förderhinweise

B2.1 Wäscheklammern zu Zahlen zuordnen

Konkret	Aufgabe:	Lege zu den Zahlenkarten jeweils entsprechend viele Wäscheklammern.
	Material:	Zahlenkarten, Wäscheklammern
Abbildung	Aufgabe:	Lege zu jeder Zahlenkarte entsprechend viele Bildkarten mit Wäscheklammern.
	Material:	Sammlung „Zahlen und Zeichen“, Bildkarten „Wäscheklammer“
Symbolisch	Aufgabe:	Male zu jeder Zahl die richtige Anzahl von Punkten in den Kreis (Arbeitsblatt S. 141 – 142). Verbinde die Zahl mit der richtigen Menge (Arbeitsblatt S. 143).

Male!

2	4
5	7

Male!

1	3
6	8

Verbinde

3	4	10	6	8

B2.2 Zahlen zu Stiften zuordnen

Konkret	Aufgabe:	Eine Person legt unterschiedlich viele Stifte in Gruppen zusammen. Lege zu den Stiften jeweils die richtige Zahlenkarte.	
	Material:	Zahlenkarten, Stifte	
Abbildung	Aufgabe:	Eine Person legt unterschiedlich viele Bildkarten mit Stiften in Gruppen zusammen. Lege zu den Stiften jeweils die richtige Zahlenkarte.	
	Material:	Sammlung „Zahlen und Zeichen“, Bildkarten „Stifte“	
Symbolisch	Aufgabe:	Schreibe zu jeder Menge von Punkten die richtige Zahl in das Kästchen (Arbeitsblatt S. 145 – 146).	
		Verbinde die Menge mit der richtigen Zahl (Arbeitsblatt S. 147).	

Schreibe! 123

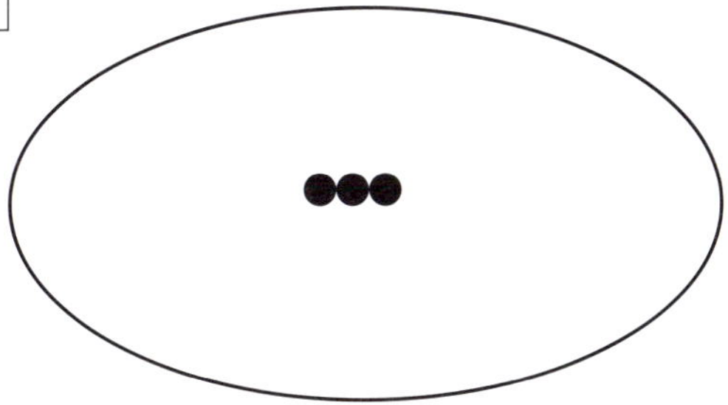

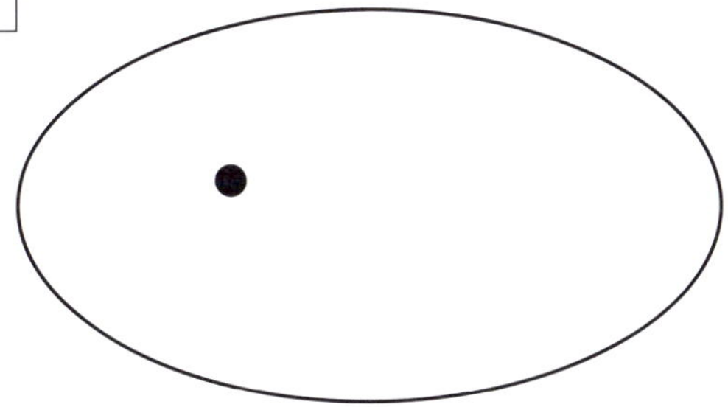

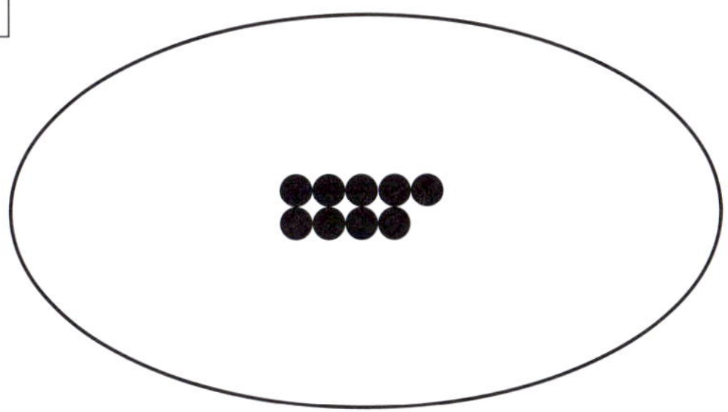

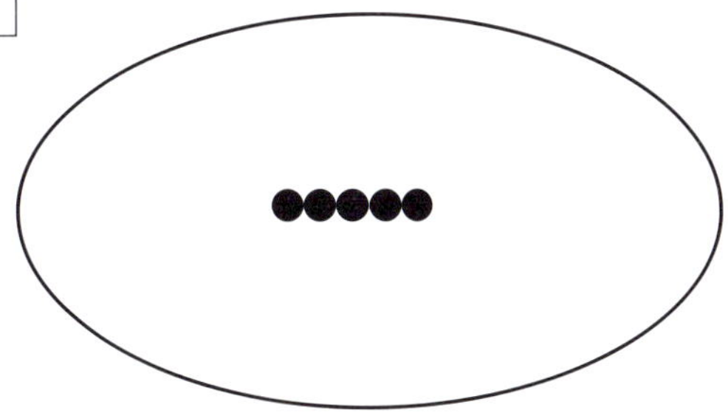

Schreibe! 123

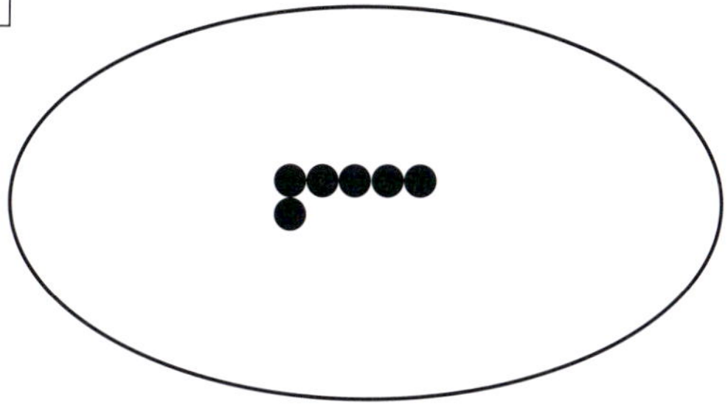

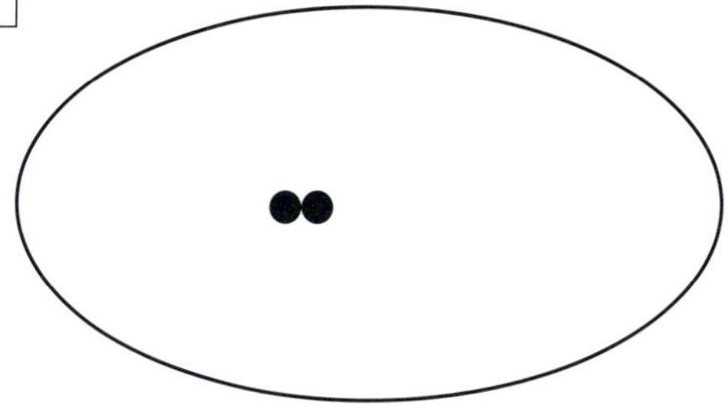

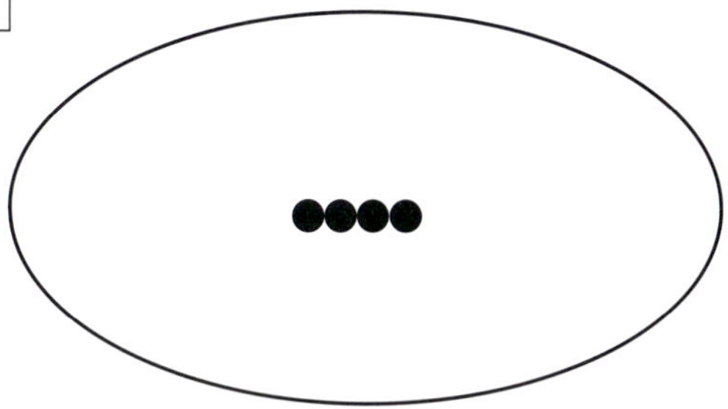

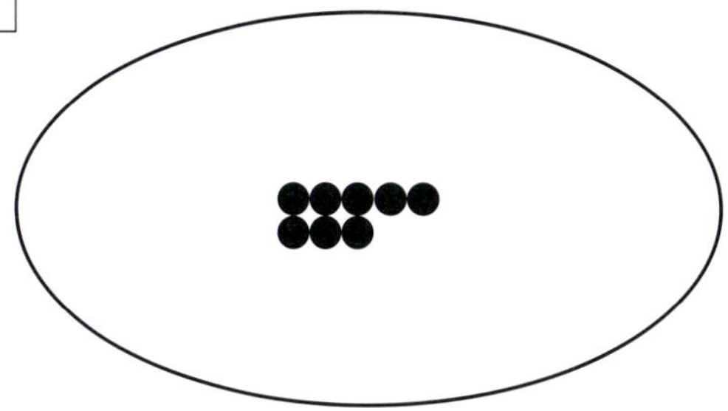

Verbinde

2	5	9	7	3
●●●●●	●●	●●●●● ●●	●●●	●●●●● ●●●●

B3 Kardinalaspekt

Kompetenz:

Die Schülerin/der Schüler …

… weiß, dass beim Abzählen einer Menge von Gegenständen die letztgenannte Zahl die Mächtigkeit, d. h. die Anzahl der Elemente einer Menge angibt.

Aufgabenübersicht:

Zugehörige Seiten im DIFMaB (de Vries, 2018):

Seite 41: Feindiagnosebogen

Seite 60 – 61: Förderhinweise

B3.1 Zahlenraum bis 5

Konkret	Aufgabe:	Eine Person legt unterschiedlich viele Legosteine im Zahlenraum bis 5 in Gruppen zusammen. Zähle die Legosteine ab.
	Material:	Legosteine
Abbildung	Aufgabe:	Eine Person legt unterschiedlich viele Bildkarten mit Legosteinen im Zahlenraum bis 5 in Gruppen zusammen. Zähle die Legosteine ab.
	Material:	Bildkarten „Legostein“
Symbolisch	Aufgabe:	Schreibe zu jeder Menge von Legosteinen die richtige Anzahl ins Kästchen (Arbeitsblatt S. 151 – 152). Zähle die Legosteine ab. Kreise die richtige Anzahl ein und streiche die falschen Zahlen durch (Arbeitsblatt S. 153).

Schreibe! 123

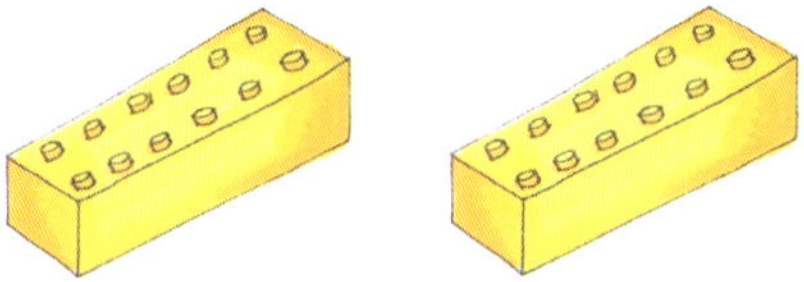

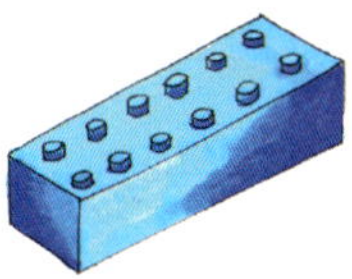

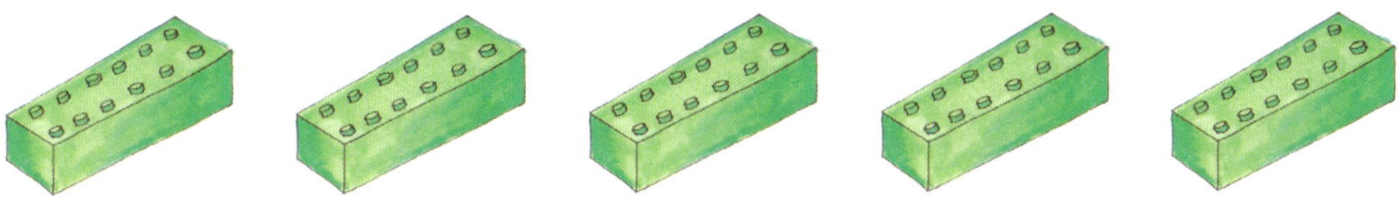

Schreibe! 

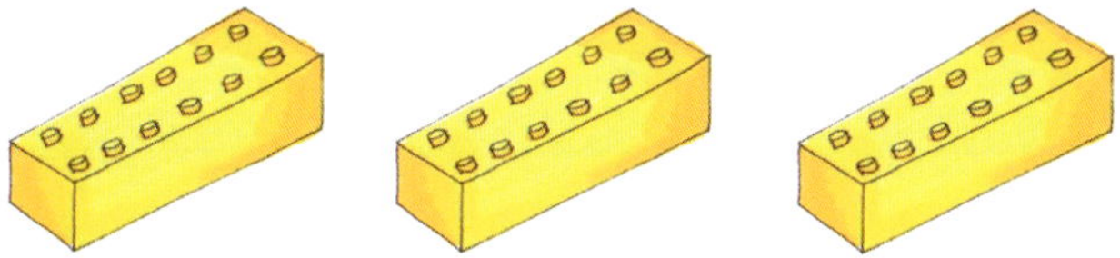

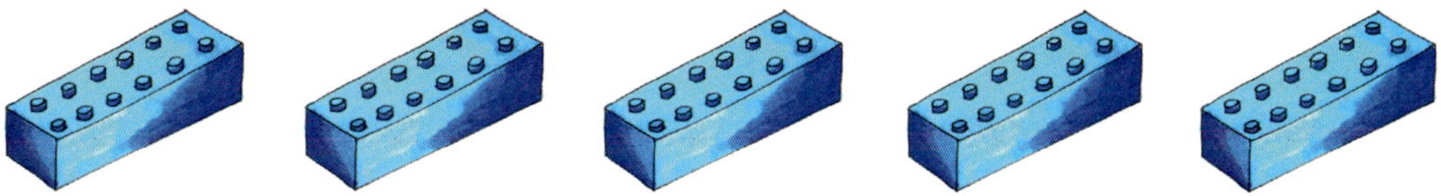

Kreise die richtige Zahl ein! **Streiche die falschen Zahlen durch!**

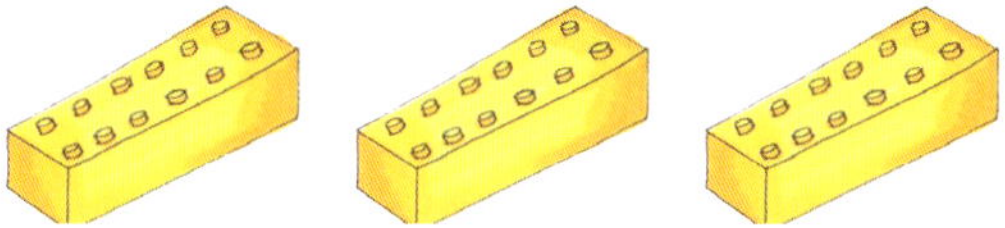

3 2 4

5 4 3

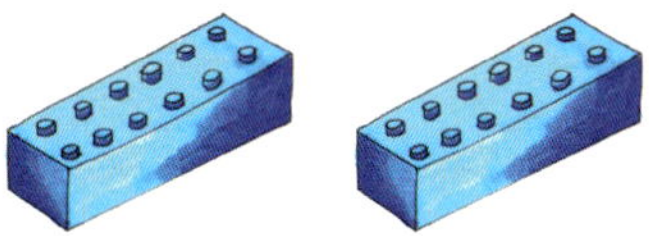

1 3 2

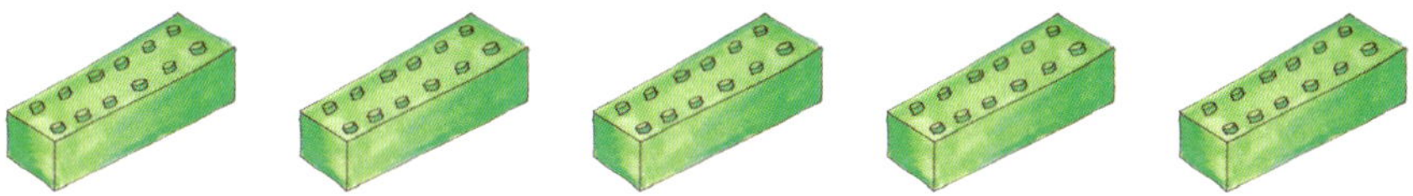

6 5 4

Konkret	Aufgabe:	Eine Person legt unterschiedlich viele Legosteine im Zahlenraum bis 10 in Gruppen zusammen. Zähle die Legosteine ab.
	Material:	Legosteine
Abbildung	Aufgabe:	Eine Person legt unterschiedlich viele Bildkarten mit Legosteinen im Zahlenraum bis 10 in Gruppen zusammen. Zähle die Legosteine ab.
	Material:	Bildkarten „Legostein“
Symbolisch	Aufgabe:	Schreibe zu jeder Menge von Legosteinen die richtige Anzahl ins Kästchen (Arbeitsblatt S. 155 – 156). Zähle die Legosteine ab. Kreise die richtige Anzahl ein und streiche die falschen Zahlen durch (Arbeitsblatt S. 157).

Schreibe!

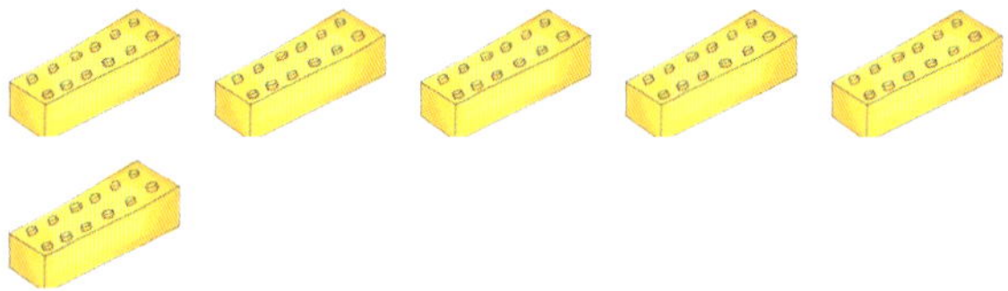

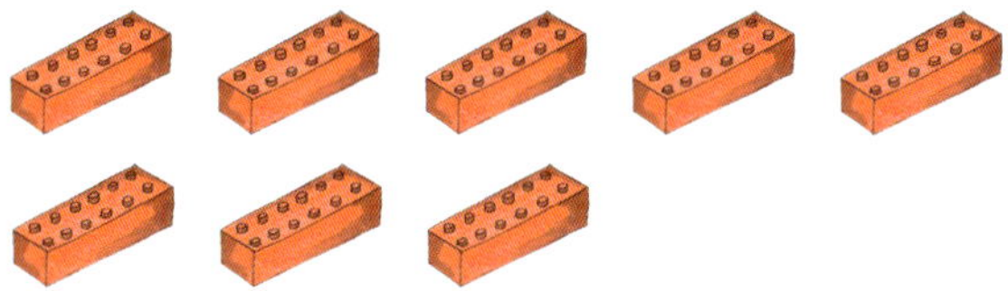

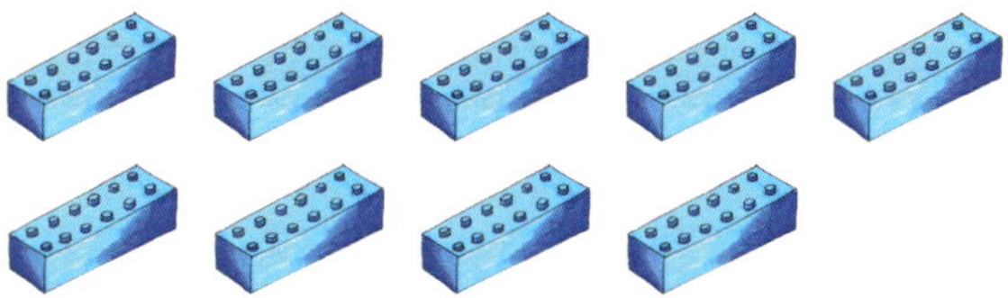

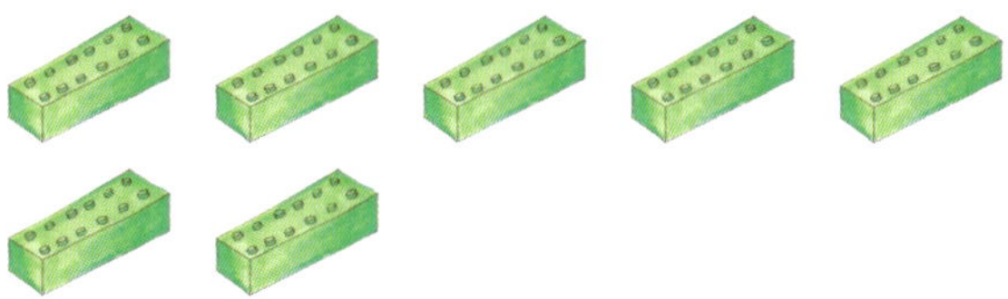

Schreibe! 123

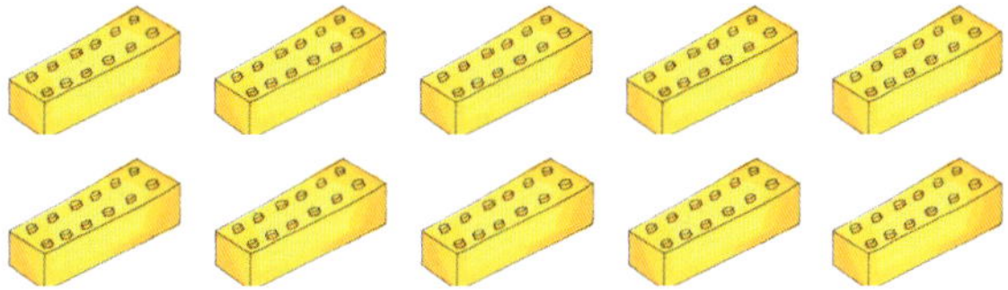

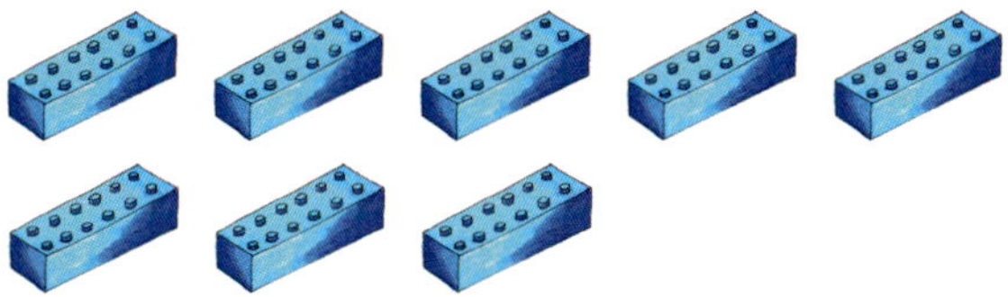

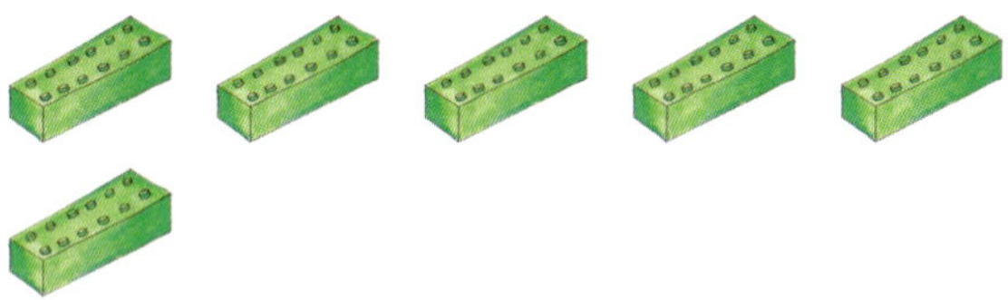

Kreise die richtige Zahl ein! **Streiche die falschen Zahlen durch!**

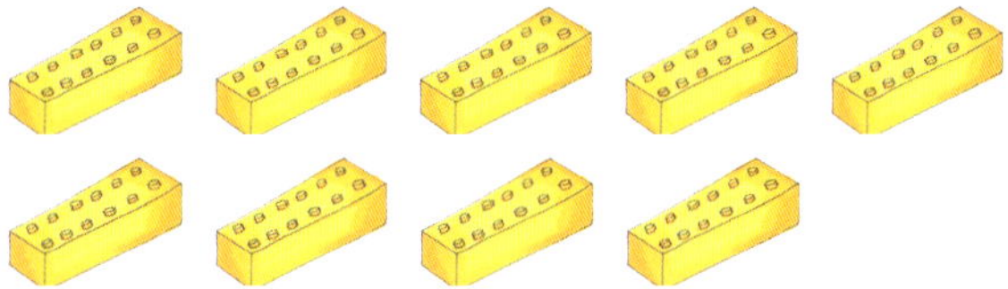

8 10 9

6 7 8

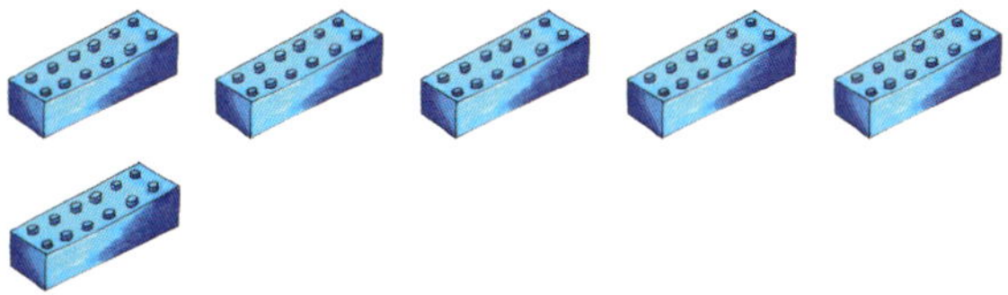

7 6 5

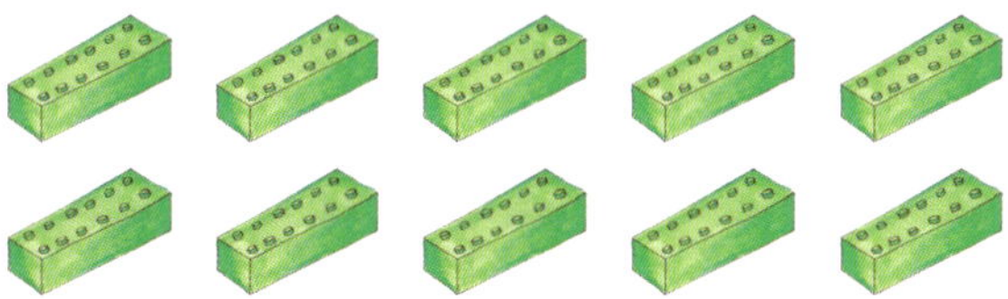

10 8 9

B3.3 Zahlenraum bis 20

Konkret	Aufgabe:	Eine Person legt unterschiedlich viele Legosteine im Zahlenraum bis 20 in Gruppen zusammen. Zähle die Legosteine ab.
	Material:	Legosteine
Abbildung	Aufgabe:	Eine Person legt unterschiedlich viele Bildkarten mit Legosteinen im Zahlenraum bis 20 in Gruppen zusammen. Zähle die Legosteine ab.
	Material:	Bildkarten „Legostein“
Symbolisch	Aufgabe:	Schreibe zu jeder Menge von Legosteinen die richtige Anzahl ins Kästchen (Arbeitsblatt S. 159 – 160). Zähle die Legosteine ab. Kreise die richtige Anzahl ein und streiche die falschen Zahlen durch (Arbeitsblatt S. 161).

Schreibe! 123

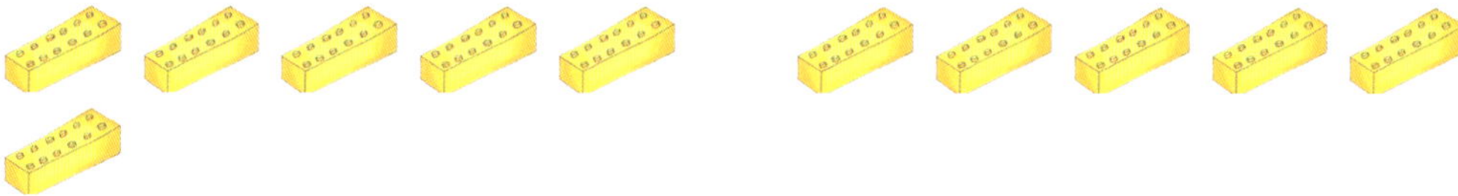

Schreibe! 123

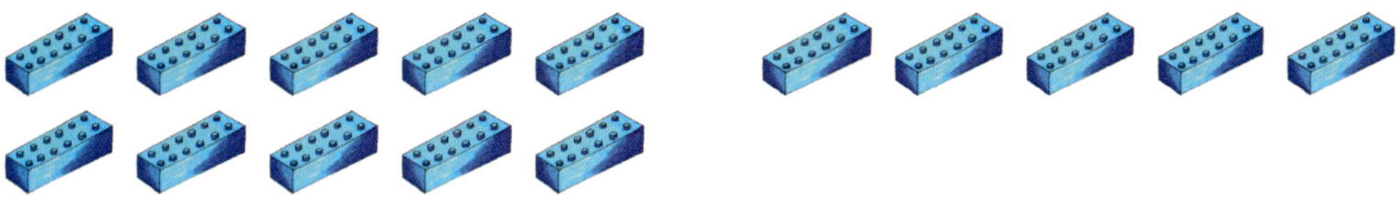

Kreise die richtige Zahl ein! **Streiche die falschen Zahlen durch!**

3	2	4

5	4	3

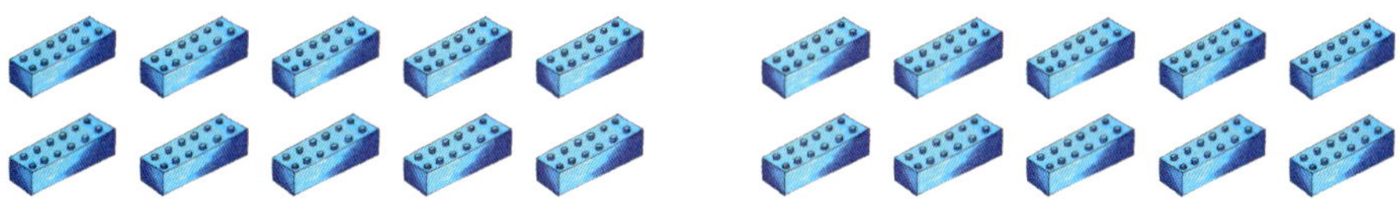

1	3	2

B4 Irrelevanz der Anordnung

Kompetenz:

Die Schülerin/der Schüler ...

... weiß, dass die Mächtigkeit, d. h. die Anzahl der Elemente, einer Menge sich nicht verändert, auch wenn man die Elemente räumlich unterschiedlich anordnet.

Aufgabenübersicht:

Anmerkung: Zur Aufgabe S. 171 können und sollten beliebig viele ähnliche Aufgaben auf allen drei Zugangsebenen frei gestellt werden zur Kontrolle/zum Verständnis

Zugehörige Seiten im DIFMaB (de Vries, 2018):

Seite 42: Feindiagnosebogen

Seite 61: Förderhinweise

B4.1 Wäscheklammern verschieden angeordnet

Konkret	Aufgabe:	Eine Person legt je eine Menge mit 3, 4 und 5 Wäscheklammern in unterschiedlicher räumlicher Anordnung sowie eine deutlich größere Menge hin. Zeige auf die Mengen mit 3/4/5.
	Material:	Wäscheklammern
Abbildung	Aufgabe:	Eine Person legt drei Mengen mit 3/4/5 Bildkarten mit Klammern in unterschiedlicher Anordnung und eine deutlich größere Menge hin. Zeige auf die Mengen mit 3/4/5.
	Material:	Bildkarten „Wäscheklammer“
Symbolisch	Aufgabe:	Kreise die Mengen mit der gleichen Anzahl an Punkten ein. Streiche die Menge mit einer anderen Anzahl an Punkten durch.
	Material:	Arbeitsblatt S. 165 – 167

Kreise gleich große Mengen ein! **Streiche die andere Menge durch!**

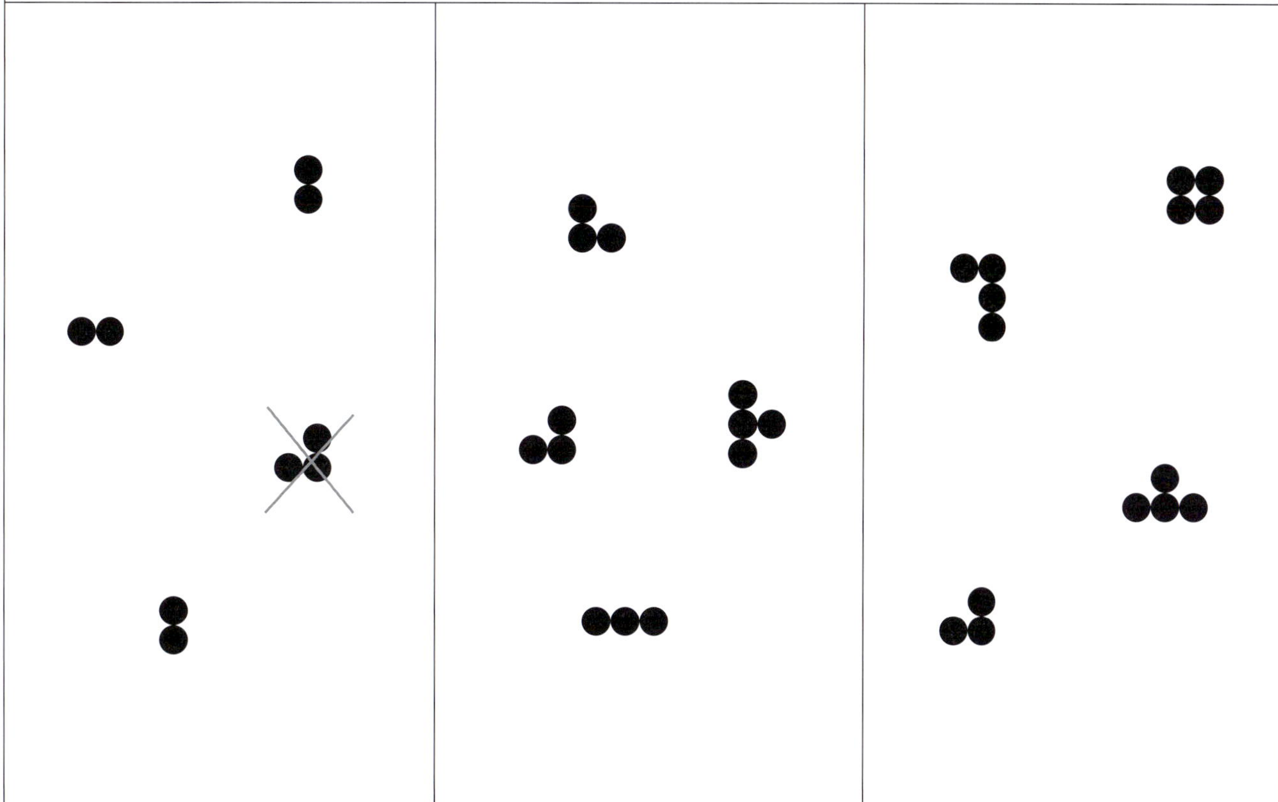

Kreise ein! Streiche durch!

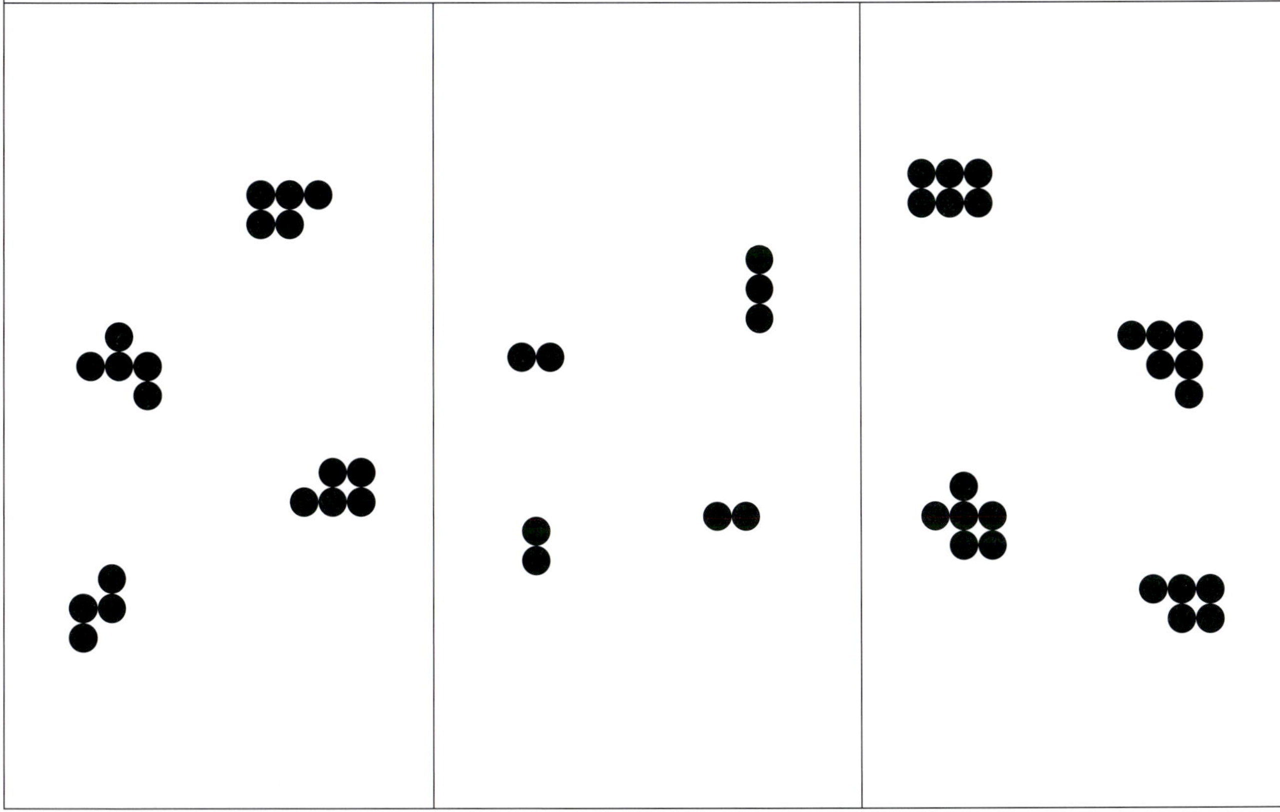

Kreise ein! **Streiche durch!**

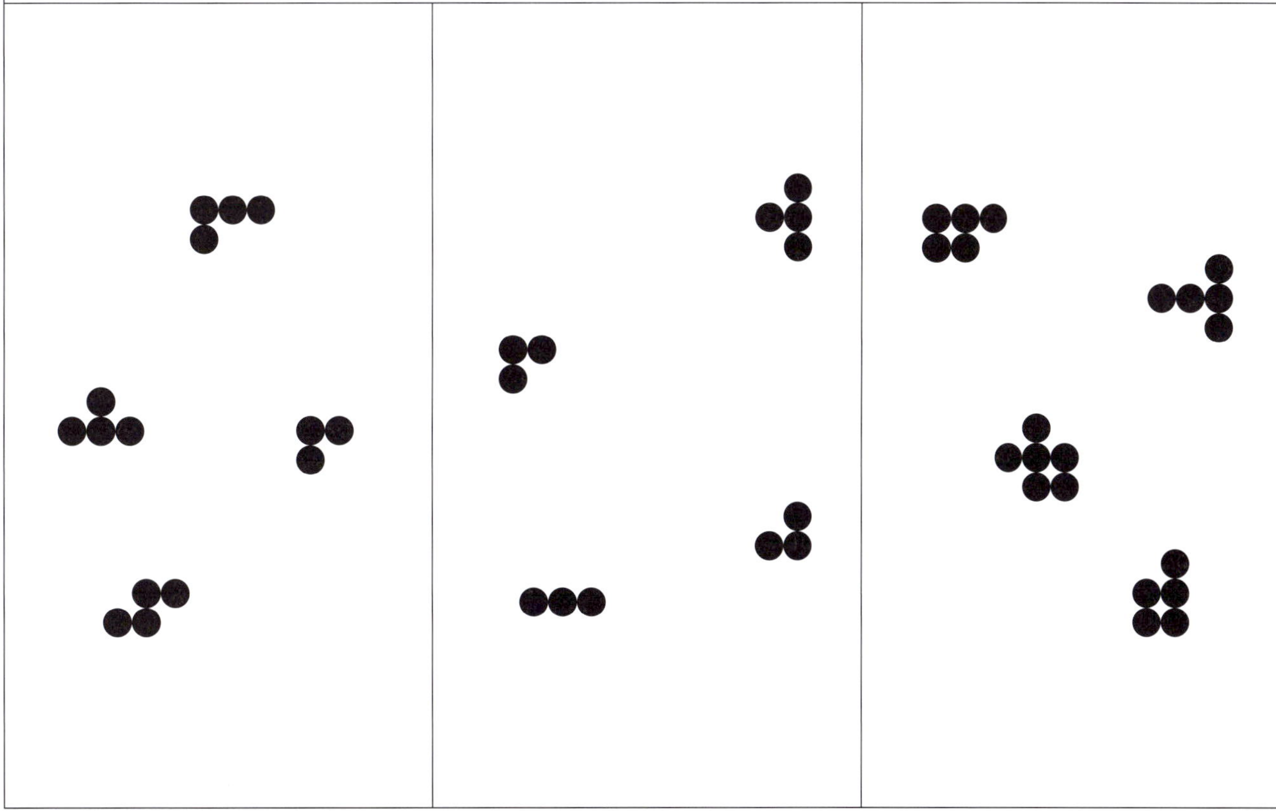

B4.2 Wäscheklammern immer wieder neu geordnet

Konkret	Aufgabe:	Lege immer 3/4/5 Wäscheklammern zusammen. Ordne sie dabei immer verschieden an.
	Material:	Wäscheklammern
Abbildung	Aufgabe:	Lege immer 3/4/5 Bildkarten mit Wäscheklammern zusammen. Ordne sie dabei immer verschieden an
	Material:	Bildkarten „Wäscheklammer“
Symbolisch	Aufgabe:	Kreise immer die angegebene Menge an Punkten ein.
	Material:	Arbeitsblatt S. 169 – 171

Kreise ein!

2

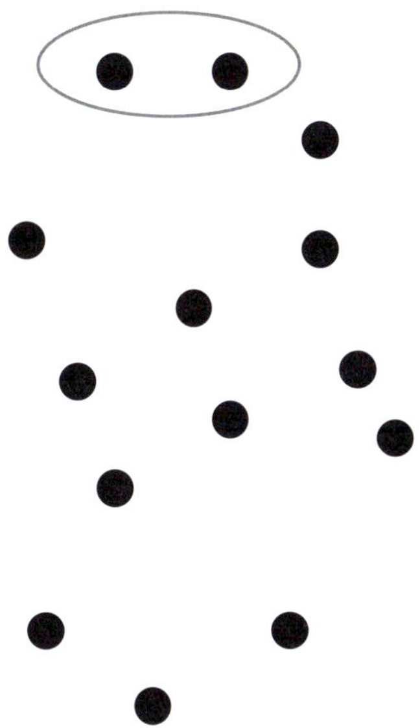

3

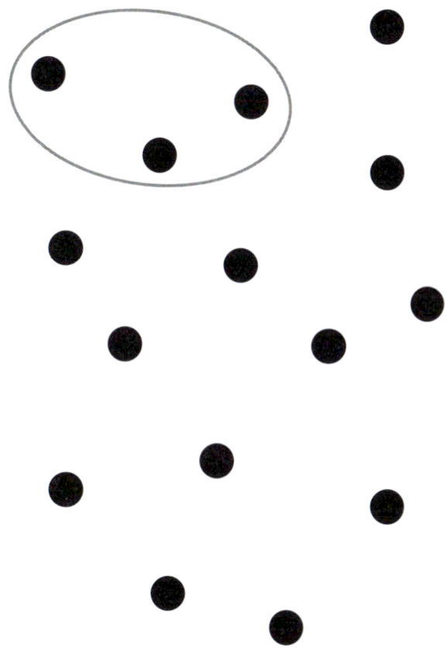

4

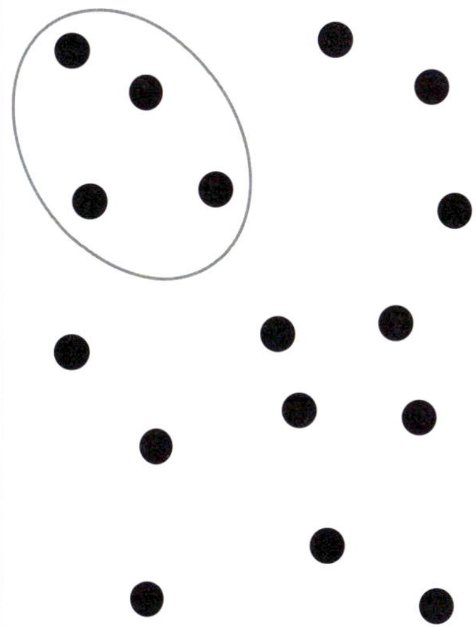

Kreise ein!

5

3

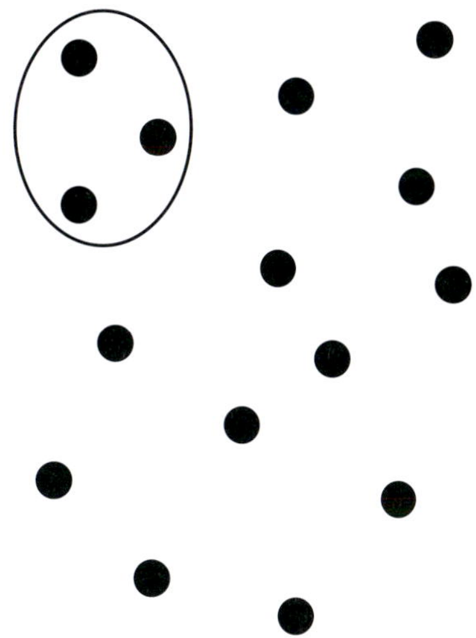

4

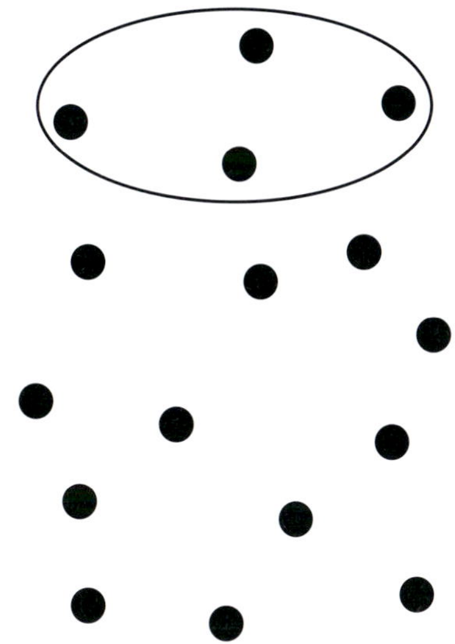

Male die Menge immer wieder neu geordnet auf!

immer 2	immer 4	immer 5

B5 Abstraktionsaspekt

Kompetenz:

Die Schülerin/der Schüler ...

... weiß, dass alle Elemente unabhängig von ihren Eigenschaften (z. B. groß, klein, dick, dünn) abgezählt werden können.

Aufgabenübersicht:

Anmerkung: Zunächst ist es wichtig, dass das Abzählergebnis einer Menge beliebiger Gegenstände nicht von den Eigenschaften abhängt.

Erst in einem zweiten Schritt sollten gemischte Mengen abgezählt werden.

Zugehörige Seiten im DIFMaB (de Vries, 2018):

Seite 43: Feindiagnosebogen

Seite 62: Förderhinweise

B5.1 Verschiedene Gegenstände zählen

Konkret	Aufgabe:	Welche Dinge im Klassenraum kannst du zählen? Suche dir etwas aus und zähle es. Wie viele sind es?
	Material:	Gegenstände im Klassenraum
Abbildung	Aufgabe:	Welche Bildkarten kann man zählen? Suche dir Bildkarten aus und zähle sie. Wie viele sind es?
	Material:	beliebige Bildkarten
Symbolisch	Aufgabe:	Kann man diese Dinge zählen? Wie viele sind es? Schreibe die Anzahl der Dinge in das Kästchen.
	Material:	Arbeitsblatt S. 175 – 177

Schreibe! 123

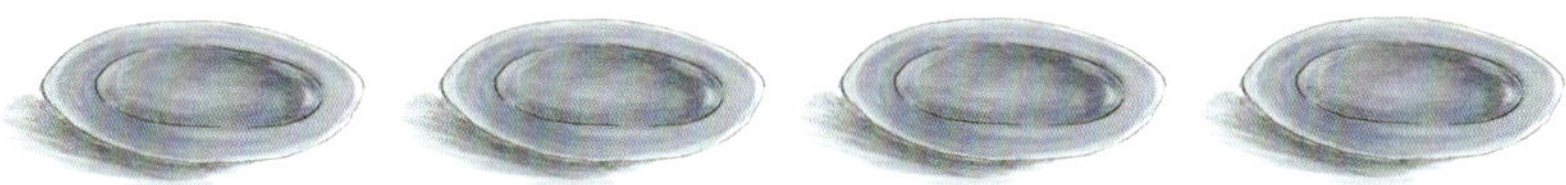

Schreibe! 123

Schreibe! 123

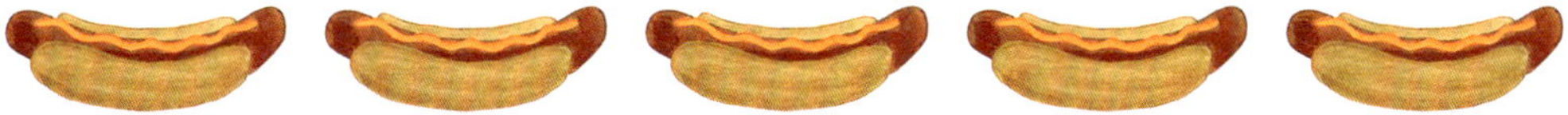

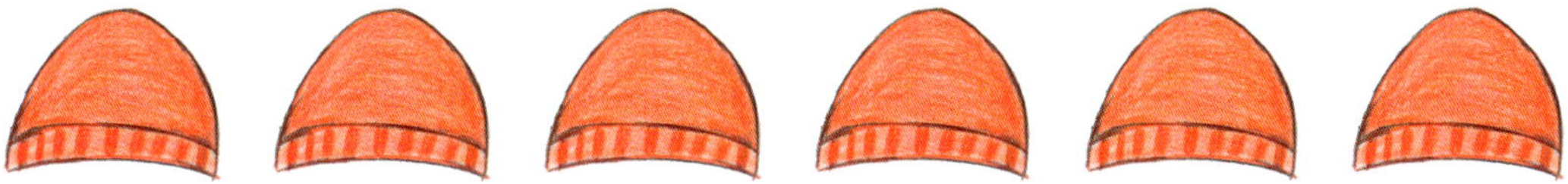

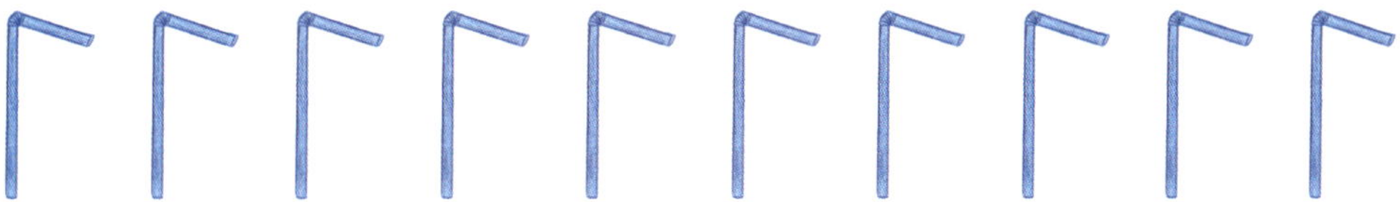

RECHEN-OPERATIONEN

Es geht um ...

... das Verständnis und die Ausführung verschiedener Rechenoperationen (plus, minus/mal, geteilt) und den Vergleich verschiedener Mengen mithilfe von Vergleichszeichen (gleich/größer als, kleiner als).

C1 Plus-Aufgaben (Addition)

Kompetenzen:

Die Schülerin/der Schüler ...

... weiß, dass beim Addieren immer etwas dazugegeben wird.

... weiß, dass die Mächtigkeit einer Menge nur durch aktives Hinzufügen von weiteren Elementen größer wird.

Aufgabenübersicht:

Zugehörige Seiten im DIFMaB (de Vries, 2018):

Seite 44: Feindiagnosebogen

Seite 62 – 63: Förderhinweise

C1.1 Legosteine addieren

Konkret	Aufgabe:	Löse die Plus-Aufgaben auf dem Arbeitsblatt (S. 183) mithilfe von Legosteinen.
	Material:	Legosteine
Abbildung	Aufgabe:	Löse die Plus-Aufgaben auf dem Arbeitsblatt (S. 183) mithilfe von Bildkarten mit Legosteinen.
	Material:	Bildkarten „Legostein“
Symbolisch	Aufgabe:	Rechne die Plus-Aufgaben auf dem Arbeitsblatt. Schreibe die Rechnung und das Ergebnis auf.
	Material:	Arbeitsblatt S. 183

Rechne! **Schreibe!** 123 **Lese die Aufgabe dazu!**

1	+	2	=	

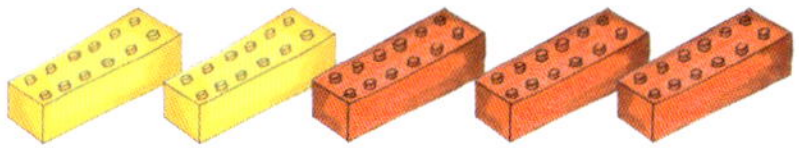

	+		=	

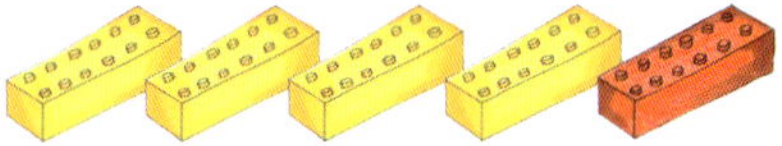

	+		=	

	+		=	

C1.2 Spielfiguren addieren

Konkret	Aufgabe:	Löse die Plus-Aufgaben auf dem Arbeitsblatt (S. 185) mithilfe von Spielfiguren.
	Material:	Spielfiguren
Abbildung	Aufgabe:	Löse die Plus-Aufgaben auf dem Arbeitsblatt (S. 185) mithilfe von Bildkarten mit Spielfiguren.
	Material:	Bildkarten „Spielfigur“
Symbolisch	Aufgabe:	Rechne die Plus-Aufgaben auf dem Arbeitsblatt. Schreibe die Rechnung und das Ergebnis auf.
	Material:	Arbeitsblatt S. 185

Rechne! **Schreibe!** **Lese die Aufgabe dazu!**

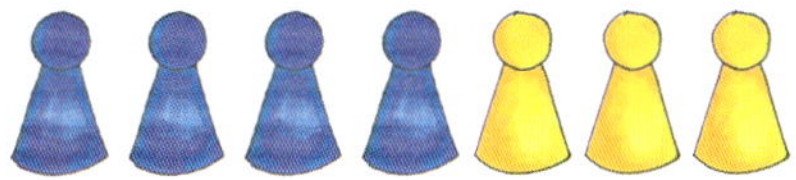

4	+	3	=	

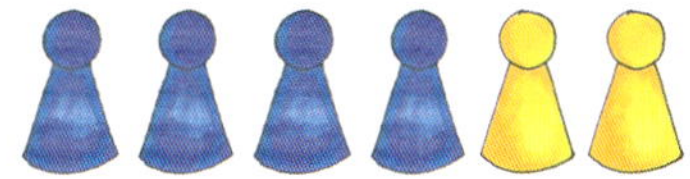

	+		=	

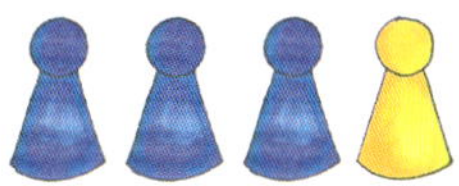

	+		=	

	+		=	

C1.3 Sachgeschichte: Steine

Konkret	Aufgabe:	Löse die Sachaufgabe auf dem Arbeitsblatt (S. 187) mithilfe von Steinen.
	Material:	Steine
Abbildung	Aufgabe:	Löse die Sachaufgabe auf dem Arbeitsblatt (S. 187) mithilfe von Bildkarten mit Steinen.
	Material:	Bildkarten „Stein“
Symbolisch	Aufgabe:	Rechne die Sachaufgabe auf dem Arbeitsblatt. Schreibe die Rechnung und das Ergebnis auf.
	Material:	Arbeitsblatt S. 187

Rechne! Schreibe! 123

Paul sammelt Steine im Wald.

Am Montag findet er 4 Steine,

am Dienstag findet er noch 2 Steine dazu.

Wie viele Steine sind es zusammen?

	+		=	

Finde einen passenden Antwortsatz!

C1.4 Sachgeschichte: Bücher

Konkret	Aufgabe:	Löse die Sachaufgabe auf dem Arbeitsblatt (S. 189) mithilfe von Büchern.	C1 C2 C3 C4
	Material:	Bücher	
Abbildung	Aufgabe:	Löse die Sachaufgabe auf dem Arbeitsblatt (S. 189) mithilfe von Bildkarten mit Büchern.	C5 C6 C7
	Material:	Bildkarten „Buch“	
Symbolisch	Aufgabe:	Rechne die Sachaufgabe auf dem Arbeitsblatt. Schreibe die Rechnung und das Ergebnis auf.	
	Material:	Arbeitsblatt S. 189	

Rechne! **Schreibe!** 123

Frau Schmidt legt erst 5 Bücher ins Regal,

dann legt sie 3 Bücher dazu ins Regal.

Wie viele Bücher liegen nun insgesamt im Regal?

	+		=	

Finde einen passenden Antwortsatz!

C2 Minus-Aufgaben (Subtraktion)

Kompetenzen:

Die Schülerin/der Schüler ...

... weiß, dass beim Subtrahieren immer etwas weggenommen wird.

... weiß, dass die Mächtigkeit einer Menge nur durch aktives Wegnehmen von Elementen kleiner wird..

Aufgabenübersicht:

Zugehörige Seiten im DIFMaB (de Vries, 2018):

Seite 45: Feindiagnosebogen

Seite 66 – 64: Förderhinweise

C2.1 Umgefallene Flaschen

Konkret	Aufgabe:	Löse die Minus-Aufgaben auf dem Arbeitsblatt (S. 193) mithilfe von Flaschen.
	Material:	Flaschen
Abbildung	Aufgabe:	Löse die Minus-Aufgaben auf dem Arbeitsblatt (S. 193) mithilfe von Bildkarten mit Flaschen.
	Material:	Bildkarten „Flasche“
Symbolisch	Aufgabe:	Rechne die Minus-Aufgaben auf dem Arbeitsblatt. Schreibe die Rechnung und das Ergebnis auf.
	Material:	Arbeitsblatt S. 193

Rechne! **Schreibe!** **Lese die Aufgabe dazu!**

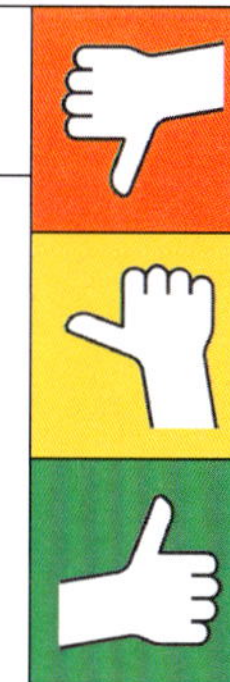

3	-	1	=	

	-		=	

	-		=	

	-		=	

C2.2 Volle und leere Gläser

Konkret	Aufgabe:	Löse die Minus-Aufgaben auf dem Arbeitsblatt (S. 195) mithilfe von vollen und leeren Gläsern.
	Material:	Gläser, Wasser
Abbildung	Aufgabe:	Löse die Minus-Aufgaben auf dem Arbeitsblatt (S. 195) mithilfe von Bildkarten mit vollen und leeren Gläsern.
	Material:	Bildkarten „Glas voll“, „Glas leer“
Symbolisch	Aufgabe:	Rechne die Minus-Aufgaben auf dem Arbeitsblatt. Schreibe die Rechnung und das Ergebnis auf.
	Material:	Arbeitsblatt S. 195

Rechne! **Schreibe!** 123 **Lese die Aufgabe dazu!**

8	-	4	=	

	-		=	

	-		=	

	-		=	

C2.3 Sachgeschichte: Bonbons

Konkret	Aufgabe:	Löse die Sachaufgabe auf dem Arbeitsblatt (S. 197) mithilfe von Bonbons.
	Material:	Bonbons
Abbildung	Aufgabe:	Löse die Sachaufgabe auf dem Arbeitsblatt (S. 197) mithilfe von Bildkarten mit Bonbons.
	Material:	Bildkarten „Bonbon“
Symbolisch	Aufgabe:	Rechne die Sachaufgabe auf dem Arbeitsblatt. Schreibe die Rechnung und das Ergebnis auf.
	Material:	Arbeitsblatt S. 197

Rechne! **Schreibe!** 123

Mia hat 5 Bonbons von ihrer Oma

geschenkt bekommen.

Von den 5 Bonbons isst

Mia gleich 2 Bonbons auf.

Wie viele Bonbons hat Mia jetzt noch übrig?

	-		=	

Finde einen passenden Antwortsatz!

C2.4 Sachgebiete: Wäscheklammern

Konkret	Aufgabe:	Löse die Sachaufgabe auf dem Arbeitsblatt (S. 199) mithilfe von Wäscheklammern.
	Material:	Wäscheklammern
Abbildung	Aufgabe:	Löse die Sachaufgabe auf dem Arbeitsblatt (S. 199) mithilfe von Bildkarten mit Wäscheklammern.
	Material:	Bildkarten „Wäscheklammer“
Symbolisch	Aufgabe:	Rechne die Sachaufgabe auf dem Arbeitsblatt. Schreibe die Rechnung und das Ergebnis auf.
	Material:	Arbeitsblatt S. 199

Rechne! **Schreibe!** 123

Papa möchte die Wäsche aufhängen und hat in seinem Körbchen 10 Wäscheklammern.

Auf dem Weg zur Wäscheleine verliert er 4 Wäscheklammern.

Wie viele Wäscheklammern hat er noch?

	-		=	

Finde einen passenden Antwortsatz!

C3 Mal-Aufgaben (Multiplikation)

Kompetenzen:

Die Schülerin/der Schüler ...

... weiß, dass Multiplikation eine verkürzte Form der Addition von mehreren gleich großen Mengen darstellt (z. B. $2 + 2 + 2 = 3 \cdot 2 = 6$).

Aufgabenübersicht:

Zugehörige Seiten im DIFMaB (de Vries, 2018):

Seite 46: Feindiagnosebogen

Seite 64: Förderhinweise

C3.1 Mit Bechern multiplizieren

Konkret	Aufgabe:	Löse die Mal-Aufgaben auf dem Arbeitsblatt (S. 203) mithilfe von Becherstapeln.
	Material:	Becher
Abbildung	Aufgabe:	Löse die Mal-Aufgaben auf dem Arbeitsblatt (S. 203) mithilfe von Bildkarten mit Becherstapeln.
	Material:	Bildkarten „Becherstapel“ (2er, 3er, 4er)
Symbolisch	Aufgabe:	Rechne erst die Plus-Aufgabe auf dem Arbeitsblatt. Schreibe dann die Mal-Aufgabe und das Ergebnis auf.
	Material:	Arbeitsblatt S. 203

Rechne! **Schreibe!** 123 **Lese die Aufgabe dazu!**

2	+	2	+	2	=	

3	•	2	=	

3	+	3	+	3	=	

	•		=	

4	+	4	=	

	•		=	

4	+	4	+	4	=	

	•		=	

C3.2 Mit Stiften multiplizieren

Konkret	Aufgabe:	Löse die Mal-Aufgaben auf dem Arbeitsblatt (S. 205) mithilfe von Stiften in Bechern.
	Material:	Stifte, Becher
Abbildung	Aufgabe:	Löse die Mal-Aufgaben auf dem Arbeitsblatt (S. 205) mithilfe von Bildkarten mit Stiften in Bechern.
	Material:	Bildkarten „Stifte in Becher“ (2er, 3er, 4er)
Symbolisch	Aufgabe:	Rechne die Mal-Aufgaben auf dem Arbeitsblatt. Schreibe die Rechnung und das Ergebnis auf.
	Material:	Arbeitsblatt S. 205

Rechne! **Schreibe!** **Lese die Aufgabe dazu!**

5	·	3	=	

	·		=	

	·		=	

	·		=	

C3.3 Sachgeschichte: Äpfel

Konkret	Aufgabe:	Löse die Sachgeschichte auf dem Arbeitsblatt (S. 207) mithilfe von Äpfeln.
	Material:	Äpfel
Abbildung	Aufgabe:	Löse die Sachgeschichte auf dem Arbeitsblatt (S. 207) mithilfe von Bildkarten mit Äpfeln.
	Material:	Bildkarten „Apfel“
Symbolisch	Aufgabe:	Rechne die Sachgeschichte auf dem Arbeitsblatt. Schreibe die Rechnung und das Ergebnis auf.
	Material:	Arbeitsblatt S. 207

Rechne! Schreibe! 123

Oma möchte für das Stadtfest 2 Apfelkuchen backen.

Für einen Kuchen braucht sie 3 Äpfel.

Wie viele Äpfel braucht sie dann für 2 Kuchen?

	•		=	

Finde einen passenden Antwortsatz!

C1.4 Sachgeschichte: Legosteine

Konkret	Aufgabe:	Löse die Sachgeschichte auf dem Arbeitsblatt (S. 209) mithilfe von Legosteinen in Schachteln.
	Material:	Schachteln, Legosteine
Abbildung	Aufgabe:	Löse die Sachgeschichte auf dem Arbeitsblatt (S. 209) mithilfe von Bildkarten mit Legosteinen in Schachteln.
	Material:	Bildkarten „Legosteine in Schachtel“
Symbolisch	Aufgabe:	Rechne die Sachgeschichte auf dem Arbeitsblatt. Schreibe die Rechnung und das Ergebnis auf.
	Material:	Arbeitsblatt S. 209

Rechne! **Schreibe!** 123

Ali kauft auf dem Flohmarkt 4 Schachteln mit Legosteinen.

In einer Schachtel sind 5 Legosteine.

Wie viele Legosteine hat Ali insgesamt gekauft?

	•		=	

Finde einen passenden Antwortsatz!

C4 Geteilt-Aufgaben (Division)

Kompetenz:

Die Schülerin/der Schüler ...

... weiß, dass beim Dividieren eine Menge in mehrere Teilmengen aufgeteilt wird.

Anmerkung: Diese Aufgaben können in gleich große Teilmengen aufgeteilt werden. Es gibt auch (schwierigere) Aufgaben, bei denen eine kleinere Rest-Teilmenge übrigbleibt.

Aufgabenübersicht:

Zugehörige Seiten im DIFMaB (de Vries, 2018):

Seite 44: Feindiagnosebogen

Seite 62 – 63: Förderhinweise

C4.1 Mit Kartoffeln dividieren

Konkret	Aufgabe:	Löse die Geteilt-Aufgaben auf dem Arbeitsblatt (S. 213) mithilfe von Kartoffeln und Tellern.
	Material:	Kartoffeln, Teller
Abbildung	Aufgabe:	Löse die Geteilt-Aufgaben auf dem Arbeitsblatt (S. 213) mithilfe von Bildkarten mit Kartoffeln und Bildkarten mit Tellern.
	Material:	Bildkarten „Kartoffel“, „Teller groß“
Symbolisch	Aufgabe:	Rechne die Geteilt-Aufgaben auf dem Arbeitsblatt. Schreibe die Rechnung und das Ergebnis auf.
	Material:	Arbeitsblatt S. 213

Rechne! **Schreibe!** **Lese die Aufgabe dazu!**

6	:	2	=	

	:		=	

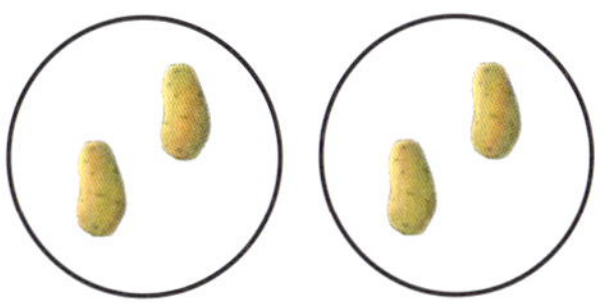

	:		=	

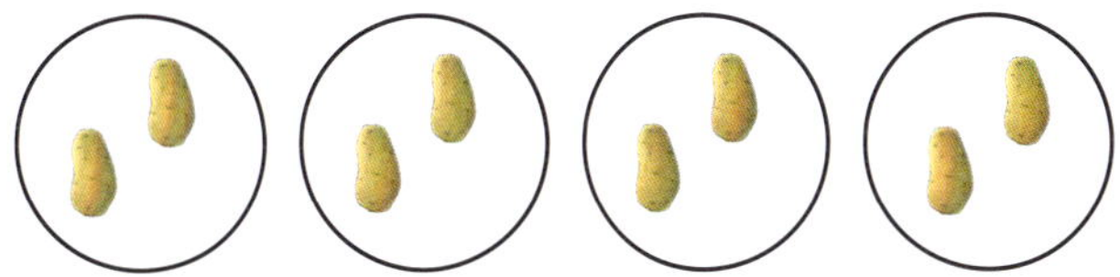

	:		=	

C4.2 Mit Strohhalmen dividieren

Konkret	Aufgabe:	Löse die Geteilt-Aufgaben auf dem Arbeitsblatt (S. 215) mithilfe von Strohhalmen Bechern.
	Material:	Strohhalme, Becher
Abbildung	Aufgabe:	Löse die Geteilt-Aufgaben auf dem Arbeitsblatt (S. 215) mithilfe von Bildkarten mit Strohhalmen.
	Material:	Bildkarten „Strohhalm“
Symbolisch	Aufgabe:	Rechne die Geteilt-Aufgaben auf dem Arbeitsblatt. Schreibe die Rechnung und das Ergebnis auf.
	Material:	Arbeitsblatt S. 215

Rechne! **Schreibe!** **Lese die Aufgabe dazu!**

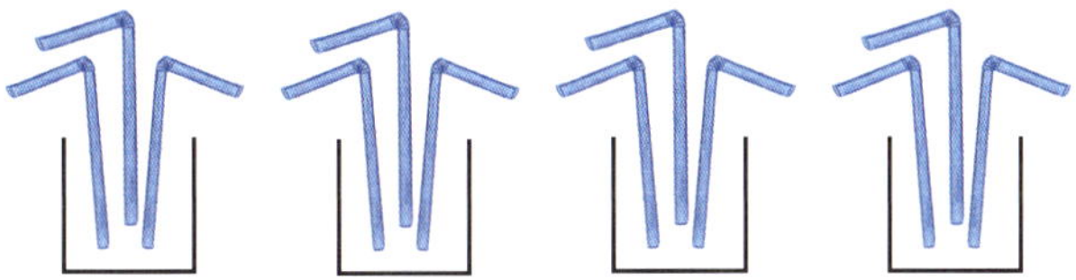

12	:	4	=	

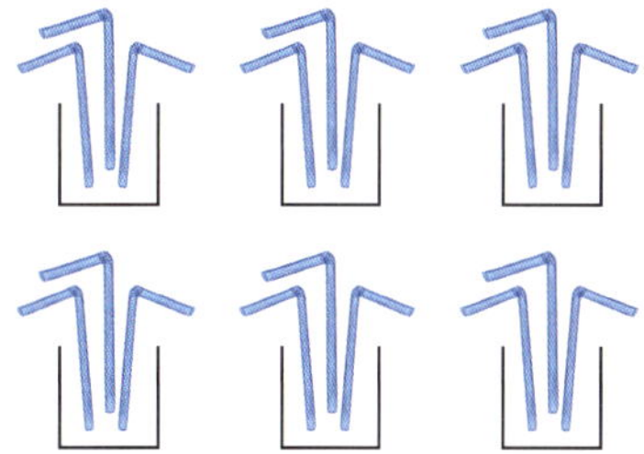

	:		=	

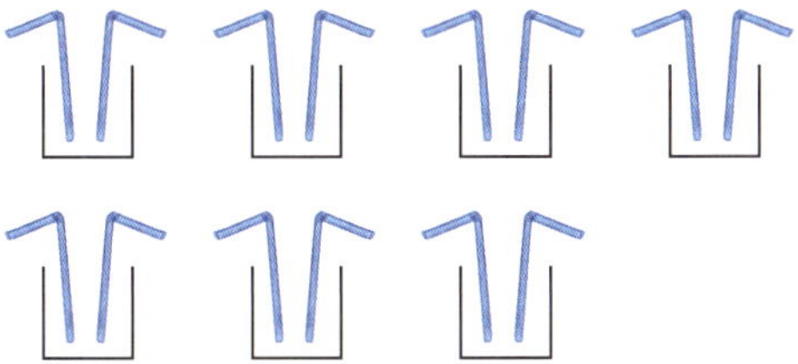

	:		=	

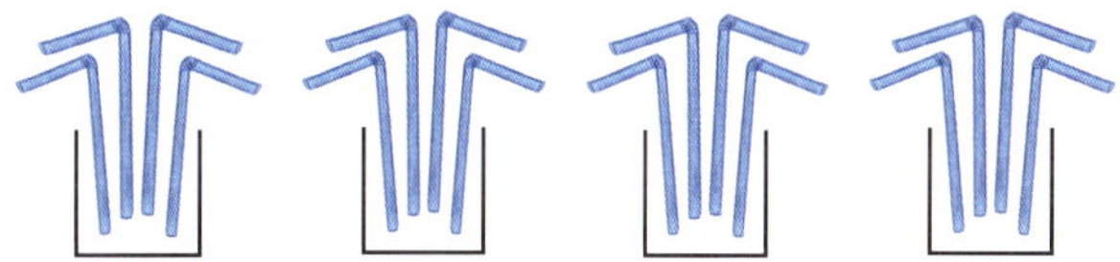

	:		=	

C4.3 Sachgeschichte: Autos

Konkret	Aufgabe:	Löse die Sachaufgabe auf dem Arbeitsblatt (S. 217) mithilfe von Autos.
	Material:	Spielzeugautos
Abbildung	Aufgabe:	Löse die Sachaufgabe auf dem Arbeitsblatt (S. 217) mithilfe von Bildkarten mit Autos.
	Material:	Bildkarten „Auto“
Symbolisch	Aufgabe:	Rechne die Sachaufgabe auf dem Arbeitsblatt. Schreibe die Rechnung und das Ergebnis auf.
	Material:	Arbeitsblatt S. 217

Rechne! **Schreibe!**

Bei einem Unfall sind 6 Autos kaputt gegangen.

Ein Abschleppwagen kann immer nur 2 Autos zur Werkstatt bringen.

Wie viele Abschleppwagen werden benötigt?

	:		=	

Finde einen passenden Antwortsatz!

C4.4 Sachgeschichte: Bonbons

Konkret	Aufgabe:	Löse die Sachaufgabe auf dem Arbeitsblatt (S. 219) mithilfe von Bonbons.
	Material:	Bonbons
Abbildung	Aufgabe:	Löse die Sachaufgabe auf dem Arbeitsblatt (S. 219) mithilfe von Bildkarten mit Bonbons.
	Material:	Bildkarten „Bonbon“
Symbolisch	Aufgabe:	Rechne die Sachaufgabe auf dem Arbeitsblatt. Schreibe die R und das Ergebnis auf.
	Material:	Arbeitsblatt S. 219

Rechne! Schreibe! 123

Emma, Jasmin, Finn und Lukas haben 20 Bonbons bekommen und wollen sie untereinander gerecht aufteilen.

Wie viele Bonbons bekommt jedes der 4 Kinder?

	:		=	

Finde einen passenden Antwortsatz!

C5 Plus-Aufgaben (Addition)

Kompetenzen:

Die Schülerin/der Schüler …

… weiß, dass das Gleichheitszeichen „gleich viel“ bedeutet.

… weiß, dass das Gleichheitszeichen eingesetzt wird, wenn zwei gleich große Mengen miteinander verglichen werden.

Aufgabenübersicht:

Zugehörige Seiten im DIFMaB (de Vries, 2018):

Seite 48: Feindiagnosebogen

Seite 65–66: Förderhinweise

C5.1 Sind es gleich viele Legosteine?

Konkret	Aufgabe:	Eine Person legt zwei gleich große Mengen von Legosteinen hin. Sind auf beiden Seiten gleich viele Legosteine?
	Material:	Legosteine
Abbildung	Aufgabe:	Eine Person legt zwei gleich große Mengen von Bildkarten mit Legosteinen hin. Sind auf beiden Seiten gleich viele Legosteine?
	Material:	Bildkarten „Legostein“, „Gleichheitszeichen“
Symbolisch	Aufgabe:	Sind gleich viele Legosteine abgebildet? Schreibe ein Gleichheitszeichen.
	Material:	Arbeitsblatt S. 223

Schreibe! **Trage ein: gleiche Menge** =

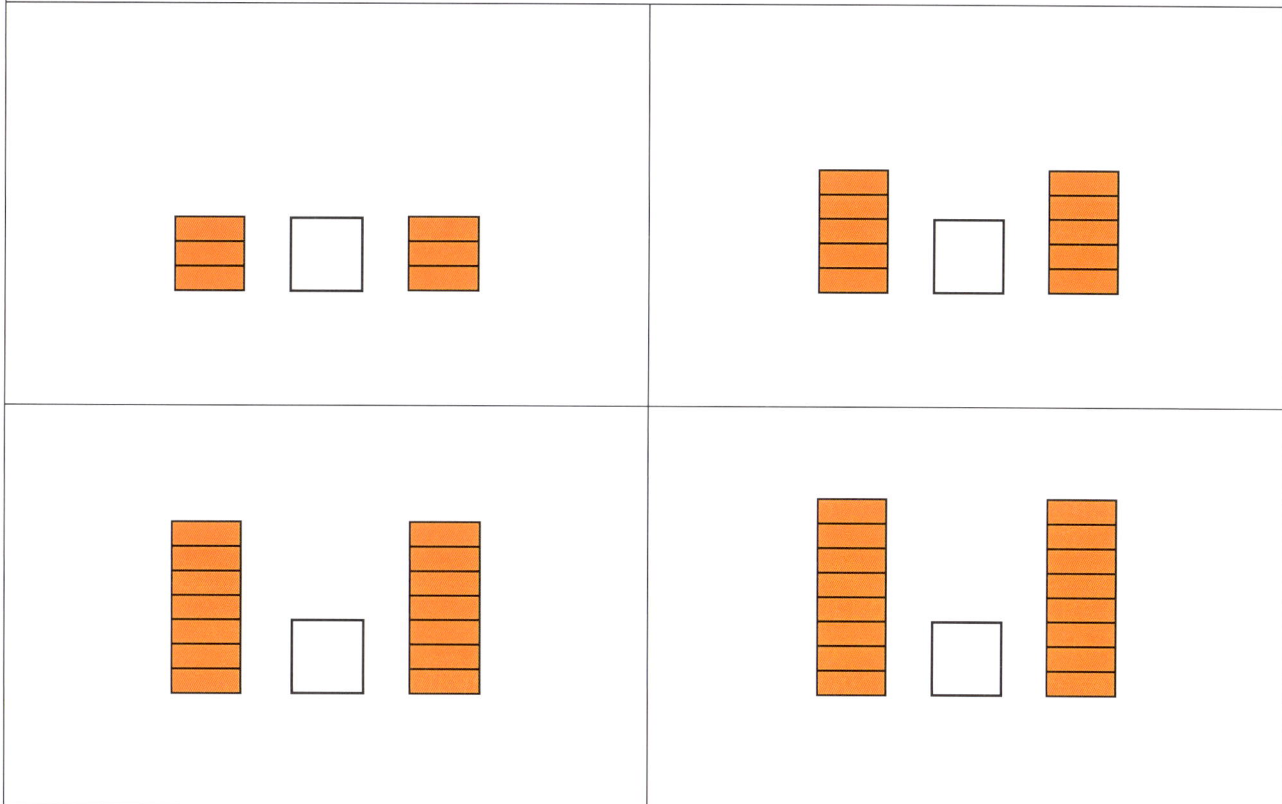

C5.2 Gleich viele Legosteine bilden

Konkret	Aufgabe:	Eine Person legt eine Menge von Legosteinen und das Gleichheitszeichen hin. Lege gleich viele Legosteine auf die andere Seite des Gleichheitszeichens.
	Material:	Legosteine, Bildkarte „Gleichheitszeichen“
Abbildung	Aufgabe:	Eine Person legt eine Menge von Bildkarten mit Legosteinen und das Gleichheitszeichen hin. Lege gleich viele Legosteine auf die andere Seite des Gleichheitszeichens.
	Material:	Bildkarten „Legostein“, „Gleichheitszeichen“
Symbolisch	Aufgabe:	Male gleich viele Legosteine neben das Gleichheitszeichen.
	Material:	Arbeitsblatt S. 225

Male!

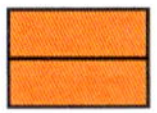

=

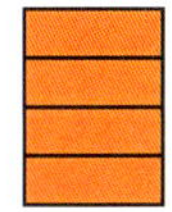

=

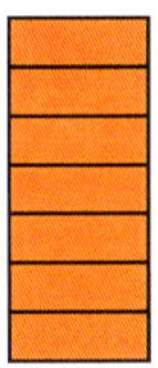

=

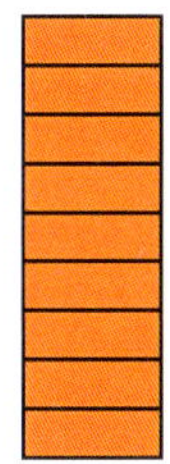

=

C5.3 Sachgeschichte: Bücher

Konkret	Aufgabe:	Löse die Sachaufgabe auf dem Arbeitsblatt (S. 227) mithilfe von Büchern.
	Material:	Büchern
Abbildung	Aufgabe:	Löse die Sachaufgabe auf dem Arbeitsblatt (S. 227) mithilfe von Bildkarten mit Büchern.
	Material:	Bildkarten „Buch“, „Gleichheitszeichen“
Symbolisch	Aufgabe:	Schreibe die Aufgabe zur Sachgeschichte auf. Material: Arbeitsblatt S. 227

Schreibe! 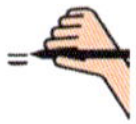

Anna hat in ihrer Schultasche 4 Bücher.

Felix hat in seiner Schultasche 4 Bücher.

Haben beide gleich viele Bücher?

4		4

Finde einen passenden Antwortsatz!

C5.4 Sachgeschichte: Stifte

Konkret	Aufgabe:	Löse die Sachaufgabe auf dem Arbeitsblatt (S. 229) mithilfe von Stiften.
	Material:	Stifte
Abbildung	Aufgabe:	Löse die Sachaufgabe auf dem Arbeitsblatt (S. 229) mithilfe von Bildkarten mit Stiften.
	Material:	Bildkarten „Stift“, „Gleichheitszeichen“
Symbolisch	Aufgabe:	Schreibe die Aufgabe zur Sachgeschichte auf.
	Material:	Arbeitsblatt S. 229

Schreibe!

Leon hat in seiner Federtasche 8 Stifte.

Marie hat in ihrer Federtasche 8 Stifte.

Haben beide gleich viele Stifte?

8		8

Finde einen passenden Antwortsatz!

C6 Größerzeichen >

Kompetenz:

Die Schülerin/der Schüler ...

... weiß, dass das Größerzeichen „größer als“ bedeutet.

... weiß, dass die Menge auf der „geöffneten“ Seite des Größerzeichens größer ist.

Zur Einübung des Größerzeichens ist die größere Menge hier stets auf der linken Seite angeordnet.

Aufgabenübersicht:

Zugehörige Seiten im DIFMaB (de Vries, 2018):

Seite 49: Feindiagnosebogen

Seite 66: Förderhinweise

C6.1 Wo sind mehr Legosteine?

Konkret	Aufgabe:	Eine Person legt eine größere und eine kleinere Menge von Legosteinen hin. Wo sind mehr Legosteine?
	Material:	Legosteine
Abbildung	Aufgabe:	Eine Person legt eine größere und eine kleinere Menge von Bildkarten mit Legosteinen hin. Wo sind mehr Legosteine?
	Material:	Bildkarten „Legostein“, „Größerzeichen“
Symbolisch	Aufgabe:	Wo sind mehr Legosteine abgebildet? Schreibe ein Größerzeichen.
	Material:	Arbeitsblatt S. 233

Schreibe! Trage das Zeichen ein >

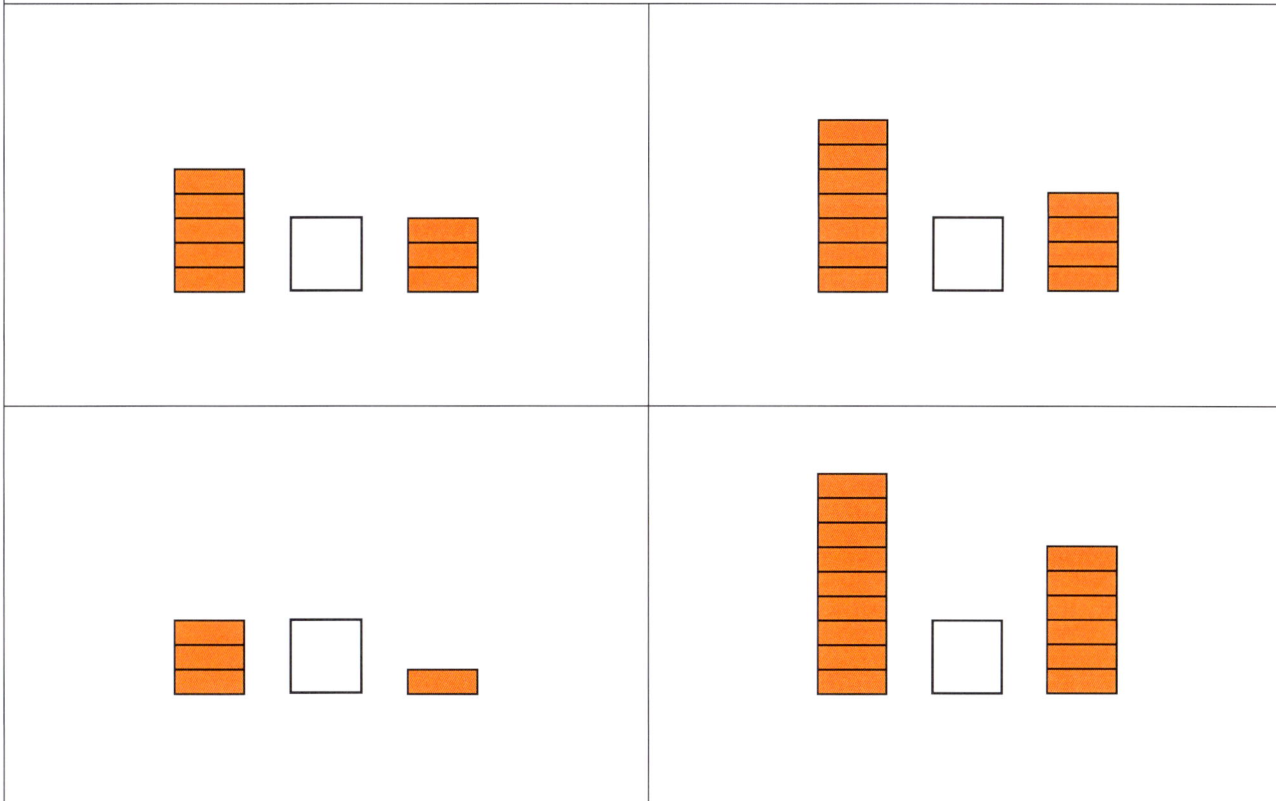

C6.2 Mehr Legosteine malen

Konkret	Aufgabe:	Eine Person legt eine Menge von Legosteinen und das Größerzeichen hin. Lege mehr Legosteine neben die geöffnete Seite des Größerzeichens.
	Material:	Legosteine, Bildkarte „Größerzeichen“
Abbildung	Aufgabe:	Eine Person legt eine Menge von Bildkarten mit Legosteinen und das Größerzeichen hin. Lege mehr Bildkarten mit Legosteinen neben die geöffnete Seite des Größerzeichens.
	Material:	Bildkarten „Legostein“, „Größerzeichen“
Symbolisch	Aufgabe:	Male mehr Legosteine neben die geöffnete Seite des Größerzeichens.
	Material:	Arbeitsblatt S. 235

Male!

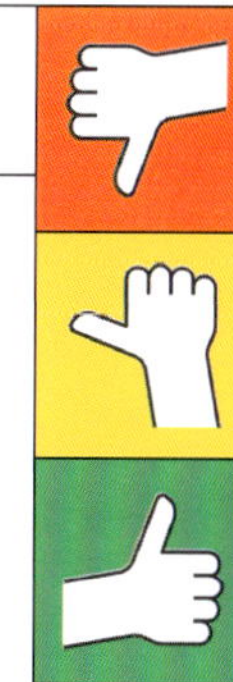

> 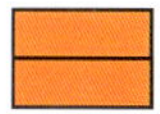

> 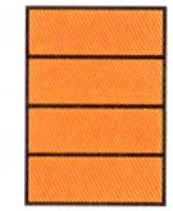

> 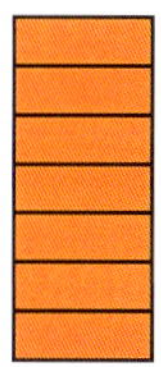

> 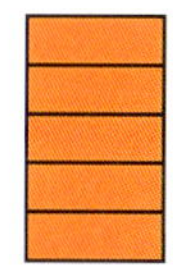

C6.3 Sachgeschichte: Autos

Konkret	Aufgabe:	Löse die Sachaufgabe auf dem Arbeitsblatt (S. 237) mithilfe von Spielzeugautos.
	Material:	Spielzeugautos
Abbildung	Aufgabe:	Löse die Sachaufgabe auf dem Arbeitsblatt (S. 237) mithilfe von Bildkarten mit Autos.
	Material:	Bildkarten „Auto“, „Größerzeichen“
Symbolisch	Aufgabe:	Schreibe die Aufgabe zur Sachgeschichte auf.
	Material:	Arbeitsblatt S. 237

Schreibe!

Familie Albers hat 3 Autos in ihrer Garage stehen.

Familie Kramer hat 2 Autos in ihrer Garage stehen.

Welche Familie hat mehr Autos in ihrer Garage stehen?

3		2

Finde einen passenden Antwortsatz!

C6.4 Sachgeschite: Kartoffeln

Konkret	Aufgabe:	Löse die Sachaufgabe auf dem Arbeitsblatt (S. 239) mithilfe von Kartoffeln.
	Material:	Kartoffeln
Abbildung	Aufgabe:	Löse die Sachaufgabe auf dem Arbeitsblatt (S. 239) mithilfe von Bildkarten mit Kartoffeln.
	Material:	Bildkarten „Kartoffel“, „Größerzeichen“
Symbolisch	Aufgabe:	Schreibe die Aufgabe zur Sachgeschichte auf.
	Material:	Arbeitsblatt S. 239

Schreibe!

Petra und Holger schälen Kartoffeln.

Petra schält 8 Kartoffeln.

Holger schält 6 Kartoffeln.

Wer hat mehr Kartoffeln geschält?

8		6

Finde einen passenden Antwortsatz!

C6 Kleinerzeichen <

Kompetenz:

Die Schülerin/der Schüler …

… weiß, dass das Kleinerzeichen „kleiner als“ bedeutet.

… weiß, dass die Menge auf der „spitzen“ Seite des Kleinerzeichens kleiner ist.

Zur Einübung des Kleinerzeichens ist die kleinere Menge hier stets auf der linken Seite angeordnet.

Aufgabenübersicht:

Zugehörige Seiten im DIFMaB (de Vries, 2018):

Seite 50: Feindiagnosebogen

Seite 67: Förderhinweise

C7.1 Wo sind weniger Legosteine?

Konkret	Aufgabe:	Eine Person legt eine größere und eine kleinere Menge von Legosteinen hin. Wo sind weniger Legosteine?
	Material:	Legosteine
Abbildung	Aufgabe:	Eine Person legt eine größere und eine kleinere Menge von Bildkarten mit Legosteinen hin. Wo sind weniger Legosteine?
	Material:	Bildkarten „Legostein", „Kleinerzeichen"
Symbolisch	Aufgabe:	Wo sind weniger Legosteine abgebildet? Schreibe ein Kleinerzeichen.
	Material:	Arbeitsblatt S. 243

Schreibe! **Trage das Zeichen ein** <

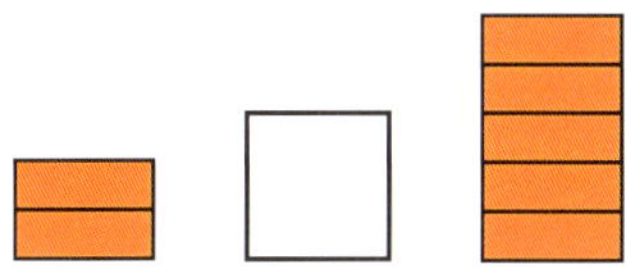

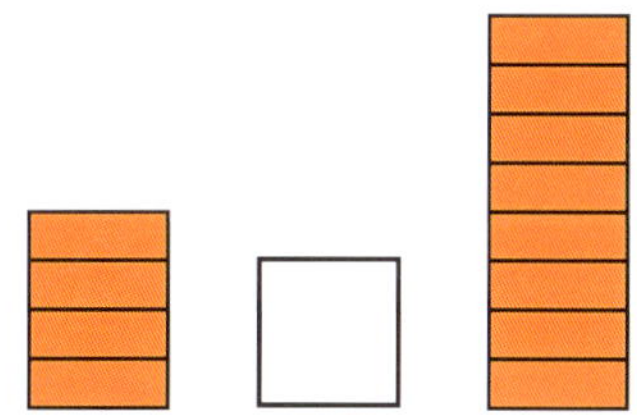

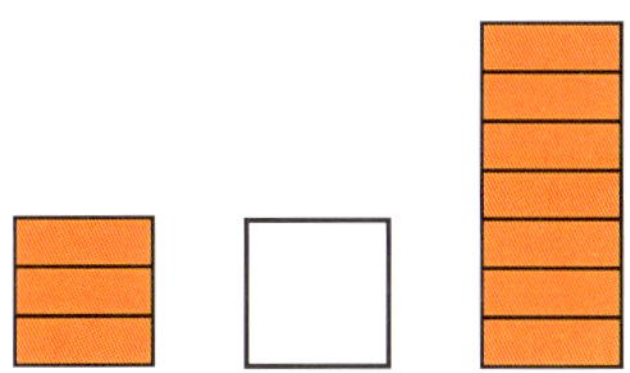

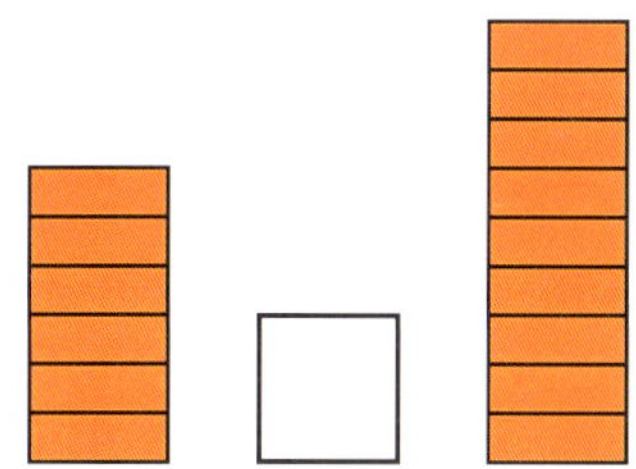

C7.2 Legosteine malen

Konkret	Aufgabe:	Eine Person legt eine Menge von Legosteinen und das Kleinerzeichen hin. Lege weniger Legosteine neben die spitze Seite des Kleinerzeichens.
	Material:	Legosteine, Bildkarte „Kleinerzeichen“
Abbildung	Aufgabe:	Eine Person legt eine Menge von Bildkarten mit Legosteinen und das Kleinerzeichen hin. Lege weniger Bildkarten mit Legosteinen neben die spitze Seite des Kleinerzeichens.
	Material:	Bildkarten „Legostein“, „Kleinerzeichen“
Symbolisch	Aufgabe:	Male weniger Legosteine neben die spitze Seite des Kleinerzeichens.
	Material:	Arbeitsblatt S. 245

Male!

< 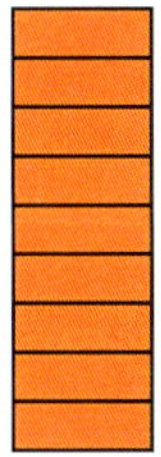

< 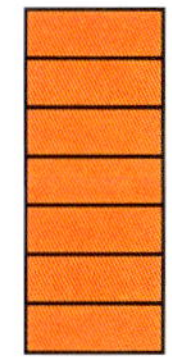

< 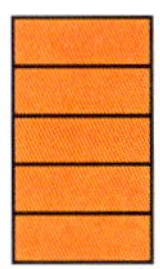

< 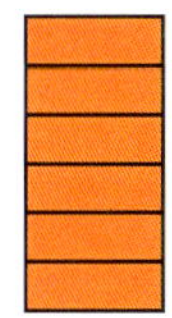

C7.3 Sachgeschichte: Spielfiguren

Konkret	Aufgabe:	Löse die Sachaufgabe auf dem Arbeitsblatt (S. 247) mithilfe von Spielfiguren.
	Material:	Spielfiguren
Abbildung	Aufgabe:	Löse die Sachaufgabe auf dem Arbeitsblatt (S. 247) mithilfe von Bildkarten mit Spielfiguren.
	Material:	Bildkarten „Spielfigur“, „Kleinerzeichen“
Symbolisch	Aufgabe:	Schreibe die Aufgabe zur Sachgeschichte auf.
	Material:	Arbeitsblatt S. 247

Schreibe!

Lisa und Daria spielen „Mensch ärgere dich nicht“.

Lisa hat 2 Spielfiguren im Häuschen.

Daria hat 3 Spielfiguren im Häuschen.

Wer hat weniger Spielfiguren im Häuschen?

2		3

Finde einen passenden Antwortsatz!

C7.4 Sachgeschichte: Teller

Konkret	Aufgabe:	Löse die Sachaufgabe auf dem Arbeitsblatt (S. 249) mithilfe von Tellern.
	Material:	Teller
Abbildung	Aufgabe:	Löse die Sachaufgabe auf dem Arbeitsblatt (S. 249) mithilfe von Bildkarten mit Tellern.
	Material:	Bildkarten „Teller klein“, „Kleinerzeichen“
Symbolisch	Aufgabe:	Schreibe die Aufgabe zur Sachgeschichte auf.
	Material:	Arbeitsblatt S. 249

Schreibe!

Bei Familie Krause stehen 5 Teller im Küchenschrank.

Bei Familie Becker stehen 7 Teller im Küchenschrank.

Bei welcher Familie stehen weniger Teller im Küchenschrank?

5		7

Finde einen passenden Antwortsatz!

Quellenverzeichnis

Literatur

de Vries, C. ([3]2018). DIFMaB: Diagnostisches Inventar zur Förderung Mathematischer Basiskompetenzen: Begleitheft. Dortmund: verlag modernes lernen.

de Vries, C. ([4]2018). Mathematik im Förderschwerpunkt Geistige Entwicklung: Grundlagen und Übungsvorschläge für Diagnostik und Förderung im Rahmen eines erweiterten Mathematikverständnisses. Dortmund: verlag modernes lernen (zahlreiche weitere Literaturangaben in diesem Buch).

de Vries, C. (2008). Mathematik an Schulen für Geistigbehinderte. In: Handbuch Sonderpädagogik Bd. 4. Sonderpädagogik der geistigen Entwicklung, S. 547 – 561. Göttingen: Hogrefe.

Des Weiteren:

Kitzinger, A. (2018). METACOM 8 Symbolsammlung. DVD. Oeversee: Eigenverlag.

Weitere Anregungen zu finden in:

Niedersächsischer Bildungsserver NIBIS-Bilddatenbank unter:
https://getschoolcraft.com/de/500-cliparts-niedersaechsischer-bildungsserver/

SchoolCraft GmbH (2018). Symbolsammlung Worksheet Crafter.

Bildquellen

- Auto blau, Auto gelb, Auto grün, Auto rot, Junge sitzend Beine gekreuzt, Junge stehend, Junge stehend Arme ausgestreckt, Junge stehend Arme gekreuzt Beine geöffnet, Junge stehend Arme oben, Junge stehend Arm vorne und hinten, Kleiderschrank, Küchenschrank, Mädchen sitzend Beine gekreuzt, Mädchen stehend, Mädchen stehend Arme ausgestreckt, Mädchen stehend Arme gekreuzt Beine geöffnet, Mädchen stehend Arme oben, Mädchen stehend Arm vorne und hinten, Regal, Skizze Person sitzend Beine gekreuzt, Skizze Person stehend, Skizze Person stehend Arme gekreuzt Beine geöffnet, Skizze Person stehend Arme oben, Skizze Person stehend Arm vorne und hinten, Spielfigur blau, Spielfigur gelb, Spielfigur grün, Spielfigur rot, Spielzeugkiste **in de Vries, C. (³2018). DIFMaB: Diagnostisches Inventar zur Förderung Mathematischer Basiskompetenzen. Dortmund: verlag modernes lernen. (Grafiken: Christina Traband-Willoughby)**

- ankreuzen, einkreisen, Gummibärchen, Kerze, laufendes Männchen, Legostein blau, Legostein rot, Teller Draufsicht, Tisch, Sofa, verbinden, Wasserglas gefüllt **in Kitzinger, A. (2018). METACOM 8 Symbolsammlung.**
- abhaken, Bonbon, Daumen gelb, Daumen grün, Daumen rot, durchstreichen, Gleichheitszeichen schreiben, Größerzeichen schreiben, Kleinerzeichen schreiben, Legostein gelb, Legostein grün, malen, Wasserglas leer, Zahlen schreiben, zeigen **in Kitzinger, A. (2018). METACOM 8 Symbolsammlung (bearbeitete Originale).**
- Apfel, Banane, Bildschirm, Birne, Bücherregal, Buntstift, Cola, Eis, Fußball, Gabel, Glas, Hamburger, Hotdog, Hund, Kaffee, Limonade, Löffel, Messer, Pommes, Rock, Schal grün-orange, Schüssel, Schultasche, Teller Seitenansicht, Tomate, Torte ohne Früchte, T-Shirt, Waschbecken **in Niedersächsischer Bildungsserver (o.J.). NiBiS-Bilddatendank. Aufgerufen am 26.03.2018 unter Niedersächsischer Bildungsserver (s. Link Seite 250)**
- Stift blau, Stift gelb, Stift grün, Stift rot, Zahnbürste **in Niedersächsischer Bildungsserver (o.J.). NiBiS- Bilddatendank. Aufgerufen am 26.03.2018 unter Niedersächsischer Bildungsserver (s. Link Seite 250) (bearbeitete Originale).**
- 2 Stifte im Becher, 3 Stifte im Becher, 4 Stifte im Becher, Auto Umriss, Becher, Becherstapel 2er, Becherstapel 3er, Becherstapel 4er, Bilddiktat, Decke, Denkblase geteilt, Denkblase mal, Denkblase minus, Denkblase plus, Handschuh, Hose, Kind in Unterwäsche, Legotürme, Mütze, Pullover, Schal rot, Schuh braun, Skizze des Arbeitsplatzes, Spielfigur Umriss, Stein, Strichmännchen, Strohhalm, Tasse, Zielfahne **(Grafiken: Boysen, A., Riemenschneider, F. & Scheele, J.).**
- Buch blau, Buch gelb, Buch rot, Brezel, Federtasche, Flasche, Gurke, Heft grün, Igel, Karotte, Kartoffel, Keks, Kissen, Klo, Kopf, Luftballon, Murmel grün, Paprika, Pudding, Puppe, Salzstreuer, sprechen, Teddy, Torte mit Früchten, Wäscheklammer gelb, Wäscheklammer grün, Wäscheklammer rot, Zwiebel **in SchoolCraft GmbH (2018). Symbolsammlung Worksheet Crafter.**

Dank

Ich bedanke mich bei den engagierten „Grafikerinnen“ Regina Sandkämper (Oldenburg) und Melanie Simonis (Berlin), die die bewährten schönen Zeichnungen von Frau Christina Traband-Willoughby (USA) aus dem **DIFMaB** um zahlreiche weitere bereichert haben.

Den Master Absolventinnen Angela Boysen, Frauke Riemenschneider und Julia Scheele danke ich für ihre Ideen für weitere Übungen in diesen Übungsblock und ihren Einsatz, ihn im Rahmen ihrer Masterarbeit auf seine Nützlichkeit hin in der Schule zu untersuchen.

Folieneinsatz zum Üben

Anbei noch eine Skizze, wie eine Klarsichtfolie (z. B. klare Prospekthülle, quer halbiert) über die jeweilige Aufgabenseite geschoben werden kann, um darauf zunächst mit einem non-permanenten Folienstift zu arbeiten. Zur vertiefenden Übung und Hausaufgabe kann dann die Folie abgezogen, danach die aufgeklappte Seite im Übungsblock kopiert und dann vom Schüler mit Bleistift o. ä. bearbeitet, begutachtet und abgeheftet werden.

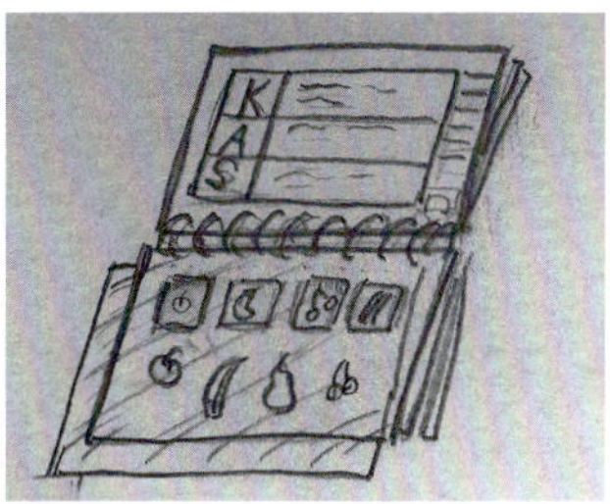

Für Schülerinnen, die noch keinen Stift halten oder führen können, bietet es sich an, dass sie mit dem Finger entsprechend die Linien ziehen und eine pädagogische Fachkraft/Schulbegleitung nach ihren Angaben die Linien ziehen kann. Diese Möglichkeit einer begleiteten Bearbeitung sollte auch für Kinder mit körperlichen Einschränkungen genutzt werden.

Anhang

Materialliste für die K-Ebene

- Decke (1×)
- T-Shirts und Hosen in gleicher Anzahl (mindestens 3×)
- Schuhe und Socken in gleicher Anzahl (mindestens 3×)
- Spiegel (1× Hand- oder Wandspiegel) Lego-Männchen (mindestens 6×)
- Spielfiguren in den Farben Rot, Gelb, Grün, Blau (von einer Farbe 10×, von allen anderen Farben 4×)
- Ball (1×)
- Legosteine in den Farben Rot, Gelb, Grün, Blau (ca. 20× pro Farbe) Schachteln, in die 5 Legosteine passen (4×)
- Stifte in den Farben Rot, Gelb, Grün, Blau (insgesamt mindestens 20×, mehrere grüne Stifte werden benötigt)
- Äpfel (mindestens 6×)
- Kartoffeln (14×) Bonbons (20×) Bücher (8×)
- Messer (mindestens 6×) Große Löffel und kleine Löffel (je mindestens 6×)
- Teller (12×) Gläser (9×) Becher (12×) Flaschen (8×) Strohhalme (18×) Regal (1×)
- Wäscheklammern (mindestens 20×) Steine (6×)
- Stifte, Kerzen und Legotürme in unterschiedlichen Größen/Längen (je mindestens 4 verschiedene Größen/Längen)
- Spielzeugautos (mindestens 6×)

Darüber hinaus werden beliebige Dinge aus folgenden Kategorien benötigt:

- Kleidung (z.B. Pullover, Hose, Schuhe, Mütze)
- Spielzeug (z.B. Auto, Lego, Puzzle, Puppe)
- Schulmaterial (z.B. Stift, Buch, Schere)
- Lebensmittel (z.B. Apfel, Brot)
- Obst (z.B. Apfel, Bananen, Birnen)
- Gemüse (z.B. Gurken, Paprika, Zwiebeln, Karotten)
- Süße Dinge (z.B. Schokolade, Bonbons)
- Salzige Dinge (z.B. Salzstangen, Erdnüsse)
- Dinge aus dem Bad (z.B. Zahnbürste, Handtuch)
- Besteck (z.B. Messer, Gabel, Löffel)
- Geschirr (z.B. Teller, Tasse, Schüssel, Becher, Gläser)
- Getränke (z.B. Saft, Milch, Wasser)
- Runde Dinge (z.B. Ball, Teller, Murmel)
- Eckige Dinge (z.B. Buch, Bild, Legostein)
- Harte Dinge (z.B. Stein, Buch, Tasse)
- Weiche Dinge (z.B. Kissen, Handtuch, Decke)
- Mehrere Gegenstände in den Farben Blau, Rot, Gelb, Grün
- Gegenstände aus dem Klassenraum, die man zählen kann

Förderbegleitbogen (Kopiervorlage!) **Name:** ____________________________ **Klasse:** __________

- In der Spalte „Bearbeitungsstand der Aufgaben“ werden die Aufgaben angekreuzt, die die Schülerin bzw. der Schüler bereits bearbeitet hat.
- In der Spalte „Selbsteinschätzung“ kann die mehrheitlich angekreuzte Selbsteinschätzung der Schülerin bzw. des Schülers angekreuzt werden (vgl. Bedeutung Farben/Hand S. 9).
- In der Spalte „Anmerkungen“ ist Platz für zusätzliche individuelle Notizen.

Bearbeitungsstand der Aufgaben							Selbst-einschätzung			Anmerkungen
A1	A1.1	A1.2	A1.3	A1.4	A1.5					
A2	A2.1	A2.2	A2.3	A2.4	A2.5	A2.6				
A3	A3.1	A3.2	A3.3	A3.4	A3.5					
A4	A4.1	A4.2	A4.3							
A5	A5.1	A5.2	A5.3	A5.4	A5.5					
A6	A6.1	A6.2	A6.3							
A7	A7.1	A7.2	A7.3							
A8	A8.1	A8.2	A8.3	A8.4						
A9	A9.1	A9.2	A9.3							

Bearbeitungsstand der Aufgaben							Selbst-einschätzung	Anmerkungen
B1	B1.1	B1.2						
B2	B2.1	B2.2						
B3	B3.1	B3.2	B3.3					
B4	B4.1	B4.2						
B5	B5.1							

Bearbeitungsstand der Aufgaben							Selbst-einschätzung	Anmerkungen
C1	C1.1	C1.2	C1.3	C1.4				
C2	C2.1	C2.2	C2.3	C2.4				
C3	C3.1	C3.2	C3.3	C3.4				
C4	C4.1	C4.2	C4.3	C4.4				
C5	C5.1	C5.2	C5.3	C5.4				
C6	C6.1	C6.2	C6.3	C6.4				
C7	C7.1	C7.2	C7.3	C7.4				